Lujo Brentano

Die Urheber des Ersten Weltkriegs

AF609137

Lujo Brentano

Die Urheber des Ersten Weltkriegs

ISBN/EAN: 9783955641085

Auflage: 1

Erscheinungsjahr: 2013

Erscheinungsort: Bremen, Deutschland

@ EHV-History in Access Verlag GmbH, Fahrenheitstr. 1, 28359 Bremen. Alle Rechte beim Verlag und bei den jeweiligen Lizenzgebern.

EHV
HISTORY

DIE URHEBER DES WELTKRIEGS

VON

LUJO BRENTANO

ZWEITE DURCHGESEHENE AUFLAGE

DREI MASKEN VERLAG
MÜNCHEN
1922

Vorwort.

Am 4. Oktober 1921 hat das Arbeitersekretariat München im Auftrag des Bildungsausschusses des Gewerkschaftsvereins und der Betriebsräte Münchens bei mir angefragt, ob ich geneigt sei, die Reihe der von diesem Ausschusse geplanten Bildungsvorträge zu eröffnen. Ich habe mich dazu bereit erklärt und als Vortragsthema „Die Schuld am Weltkrieg" gewählt. Das hat zunächst Bedenken erregt, weil befürchtet wurde, daß meine Auffassung vielleicht auf starken Widerspruch bei den Hörern stoßen könnte. Ich erwiderte, Widerspruch habe mich in meinem ganzen Leben nie abgeschreckt, was ich als wahr erkannt habe, zu bekennen. Ich werde nichts vortragen, was ich nicht dokumentarisch beweisen könne, und Bildungsvorträge hätten gerade die Aufgabe, Vorurteile an der Hand der Tatsachen zu widerlegen. Bei der außerordentlichen Bedeutung der Schuldfrage gerade für die deutsche Arbeiterschaft, deren ganzes Wohl und Wehe durch die Deutschland als dem angeblich allein Schuldigen auferlegten Reparationskosten bedingt werde, erscheine mir eine den Tatsachen entsprechende Darlegung gerade für sie von besonderer Bedeutung.

Das Arbeitersekretariat München hat sich mit dieser Antwort vollständig einverstanden erklärt.

Ich habe darauf am 3. November 1921 im Münchener Gewerkschaftshause in zweistündigem Vortrage die Schuldfrage behandelt. Mein Vortrag hat nicht nur widerspruchslosen Beifall gefunden, sondern es wurde auch allseitig der Wunsch ausgesprochen, daß ich ihn veröffentlichen möge. Das ist der Anlaß der vorliegenden Druckschrift. Sie ist zum drei- bis vierfachen Umfang meines Vortrags angewachsen, entspricht aber dem Sinne nach genau dem am 3. November von mir Vorgetragenen. So darf ich hoffen, daß sie auch in den Kreisen, in denen ich am 3. November gesprochen habe, willkommen sein wird.

Prien am Chiemsee, den 29. März 1922.

Lujo Brentano.

Ich möchte im folgenden feststellen, ob es wahr ist, daß Deutschland allein für den Weltkrieg verantwortlich ist. Dabei muß ich die Aufmerksamkeit des Lesers in außerordentlichem Maße in Anspruch nehmen. Die Fülle der Tatsachen, die es zu bewältigen gilt, ist außerordentlich groß, und die Verwicklungen, die ich vorzuführen habe, wetteifern mit denen der raffiniertesten Intrigenstücke, welche dichterische Phantasie geschaffen hat. Sie unterscheiden sich von diesen nur dadurch, daß diese als Regel in Heiterkeit, die Intrigen, von denen ich zu reden habe, dagegen in der größten Tragödie der Weltgeschichte enden.

Um die Ursachen des Weltkrieges festzustellen, müssen wir in der Geschichte weit zurückgehen.

1. Da ist zunächst Frankreich. Es ist entstanden, als die drei Enkel Karls des Großen 843 dessen Reich unter sich teilten. Seitdem haben die Bewohner des romanischen Teils dieses Reichs möglichst viel von dem zwischen ihm und dem rein deutschen Teil liegenden Lande an sich zu reißen gesucht. Über ein Jahrtausend wogt hier der Kampf zwischen Franzosen und Deutschen. Den Franzosen ist es früher gelungen, alle nationalen Kräfte zu einer Einheit zusammenzufassen, während die vielgerühmte deutsche Treue zu derselben Zeit sich in systematischer Treulosigkeit[1]) der Reichsvasallen gegen Kaiser und Reich geäußert hat, um sich aus dem Reichsgebiete von der Reichsregierung unabhängige Landesherrschaften herauszuschneiden. Daneben haben sie das, was dem Reiche blieb, fortwährend ausgeplündert, so daß, während sich am

---

[1]) Vgl. auch Bismarck, Gedanken und Erinnerungen II, 21: „Diese Sinnesrichtung, die man nach Belieben Egoismus oder Unabhängigkeit nennen kann, hat in der ganzen deutschen Geschichte von den rebellischen Herzögen der ersten Kaiserzeiten bis auf die unzähligen reichsunmittelbaren Landesherrn, Reichs-Städte, Reichs-Dörfer, -Abteien und -Ritter und die damit verbundene Schwäche und Wehrlosigkeit des Reiches ihre Betätigung gefunden."

Ausgang des 14. Jahrhunderts das Einkommen der französischen Könige auf 1600000 Livres und das der englischen Könige auf 120000 £ = 60 bis 70 Millionen Goldmark heutiger Währung bezifferte, Kaiser Sigismund 1412 erklärte, daß die Gesamteinnahmen des Reichs aus den deutschen Ländern etwa 13000 Dukaten ausmachten[1]). Ein Jahrhundert später hat der französische König Franz I. sogar versucht, durch Bestechung der deutschen Kurfürsten die deutsche Kaiserkrone und mit ihr die Herrschaft über ganz Deutschland zu erlangen, und nur die Vorschüsse der Augsburger Fugger haben es dem Enkel Kaiser Maximilians I., Karl V., ermöglicht, ihnen noch mehr zu bieten und so die Herrschaft über Deutschland bei einem deutschen Fürstenhause zu erhalten. Seit Franz I., seit Richelieu, der, um es durch inneren Zwist zu schwächen, in Deutschland die Protestanten unterstützte, die er in Frankreich verfolgte, noch mehr seit Ludwig XIV. hat Frankreich alles getan, um Deutschland in eine Unzahl sich bekämpfender Staaten aufzulösen. Immer und immer wieder ist es über seine Ostgrenze, über Elsaß und Lothringen hereingebrochen, um die angrenzenden ältesten und glänzendsten deutschen Kulturgebiete zu verwüsten. Es war groß geworden durch die Uneinigkeit Deutschlands und demgemäß der erbitterte Feind seiner Wiedervereinigung. Den letzten Versuch, sie zu verhindern, hat 1870 Napoleon III. gemacht. Daher es ganz selbstverständlich war, daß das 1871 wiedergeeinte Deutschland sich nach Niederwerfung des Gegners als Siegespreis derjenigen Gebiete bemächtigt hat, die seit Jahrhunderten das Einfallstor der Franzosen nach Deutschland gewesen waren.

Man hat diese Gebiete von deutscher Seite nicht gern genommen. Obwohl das Elsaß bis auf verschwindende Teile deutsch war und deutsch geblieben ist, war es doch seit der ersten französischen Revolution der Gesinnung nach französisch, und Bismarck hat nur unter dem Druck von Moltke der Annexion von Metz und Umgebung, das auch der Sprache nach französisch war, zugestimmt. Das Elsaß hat nämlich seit der französischen Revolution durchaus in modernen Gedankengängen gelebt. Man war sich bei uns bewußt, daß das demokratisch denkende Volk sich nur schwer in ein Land eingliedern werde, das in letzter Linie von

[1]) Siehe W. Sombart, Der moderne Kapitalismus. Erste Auflage, I, Leipzig 1902, S. 241, 242.

einer aristokratisch gesinnten Bürokratie regiert wurde. Aber nach den kolossalen Opfern, die der Krieg dem deutschen Volk auferlegt hatte, kamen die Wünsche von wenig mehr als einer Million Elsässer und Lothringer nicht in Betracht gegenüber dem Bedürfnis von damals rund vierzig Millionen Deutscher, vor der Wiederkehr der so oft erlebten französischen Angriffe gesichert zu sein.

Es ist aber völlig begreiflich, daß Frankreich die Losreißung eines Teiles seines Gebiets nur schwer verwinden konnte. Seit Jahrhunderten war es die tonangebende Macht auf dem Kontinente gewesen; es hatte 1813 und 1815 der Vereinigung von ganz Europa bedurft, um Napoleon niederzuwerfen. Nun war es von dem vergleichsweise kleinen Preußen im Bunde mit Süddeutschland besiegt worden, und die von der ersten Republik erklärte Unteilbarkeit Frankreichs war verletzt. Begreiflich, daß der Gedanke an Revanche es nicht ruhen ließ. Immerhin schien der Revanchegedanke im Einschlafen[1]). Die in Frankreich wirklich demokratisch Gesinnten schienen sich bewußt zu sein, daß die Vollendung des Ausbaues der demokratischen Republik die Fortdauer des Friedens zur Voraussetzung habe, und die Freiheitsfreunde diesseits und jenseits der Vogesen fanden sich mehr und mehr in dem Gedanken zusammen, daß sie einander viel näher ständen als ihren inneren politischen Gegnern, den Trägern der Reaktion im eigenen Lande[2]).

Aber eben den reaktionär Gesinnten in Frankreich war das Einschlafen des Revanchegedankens nicht recht. Die Entstaatlichung der Kirche hatte die von Voltaireschen Geiste erfüllte Bourgeoisie noch lächelnd mitgemacht. Als aber statt des jenseitigen Himmels ihr diesseitiger Besitz expropriiert werden sollte — denn als Caillaux eine nach Maßgabe der Leistungsfähigkeit erhobene Einkommensteuer einführen wollte, sah man in Frankreich darin den Anfang der Expropriation[3]) —

---

[1]) Man lese Marcel Sembat, Faites un Roi sinon faites la Paix, ein Buch, das kurz vor Ausbruch des Weltkrieges geschrieben wurde.

[2]) Man erinnere sich des Berner Kongresses, auf dem sich kurz vor Ausbruch des Krieges deutsche und französische Parlamentarier zusammenfanden. Übrigens entfuhr selbst da einem französischen Teilnehmer das Wort: „Enfin! Si nous étions plus forts, si nous étions soixante millions, nous ne serions pas ici!" Sembat a. a. O. S. 246.

[3]) Vgl. Joseph Caillaux, Meine Gefangenschaft, vor der Weltgeschichte dargelegt, 4. Aufl., Basel 1921. S. 8: „Ihre (der großen Nachrichtenpresse) Leiter und Geldgeber müssen zwangsläufig den

fand der bis dahin nur von Neoromantikern[1]) gepflegte Gedanke der Wiederauferstehung der Monarchie auch bei dem rechnenden Bourgeois Anklang. Einen vor solchen Gefahren schützenden Monarchen, dachten Viele, wird ein Krieg bringen. Dabei ist zu beachten: die Franzosen, die Elsaß-Lothringen wieder haben wollten, dachten dabei nicht an dessen Bewohner[2]), sondern weit mehr an sich selbst. Sie verlangten

---

reichen Klassen angehören. Soweit die Republikaner der Linken auf die Ausführung eines rein politischen Programms ausgingen, dessen Grundlage der Antiklerikalismus war, feilschten die Geschäftsleute, die Herren der großen Zeitungen, nicht um ihre Mitwirkung. Was bedeutete für sie die Auflösung der Orden, die Trennung von Kirche und Staat? An dem Tage aber, wo dieses Programm erschöpft war und die Partei der Linken die Absicht kundgab, an die sozialen Reformen, an die Finanzreform heranzugehen, und wo sich am Horizonte das Gespenst der Einkommensteuer abzeichnete, da änderte sich alles. Wehmut befiel sie bei dem Gedanken, daß sie eine erhebliche Abgabe von ihren ungeheuren Einkünften ertragen sollten, Furcht bannte sie vor allem angesichts der ärgerlichen Indiskretionen über die Bedeutung und die Herkunft ihrer mit rasender Schnelligkeit aufgestapelten Vermögen, und die Kapitalisten, welche die großen Informationsorgane in Händen hielten, verbanden sich unter der Oberfläche langsam mit den Konservativen ... Sie faßten es so auf, daß sie das Vorspiel für wirtschaftliche und soziale Systeme werden müßte, die Frankreich zerhobeln würden; sie begriffen, daß die Reform mit einer Katasterverbuchung der Vermögen enden und so den öffentlichen Gewalten die Mittel liefern würde, den plutokratischen Ausschreitungen den Riegel vorzuschieben, usw. ... Um der Umgestaltung vorzubeugen, um zum mindesten ihre Fälligkeitstermine hinauszuschieben, ist der Verwegene niederzuschlagen, der einen Neubau des alten fiskalischen Hauses im Schilde führt, das so bequem für die Ruhe der Großbourgeoisie eingerichtet war."

[1]) Charles Maurras, Enquête sur la Monarchie, zuerst 1901. Henry Vaugeois in der „Action Française". Léon de Montesquiou, Le salut public, 1901. Über den französischen Nationalismus siehe das von Joachim Kühn herausgegebene Sammelwerk „Der Nationalismus im Leben der dritten Republik", 1920.

[2]) Über die Denkweise der Elsässer noch unmittelbar vor Ausbruch des Weltkrieges vgl. die Rede, welche der Mülhauser Pfarrer Scheer in Lyon gehalten hat. Sie ist aus der Mülhauser Tageszeitung „Expreß" vom 3. Juni 1914 abgedruckt in dem Buche von Ernst Robert Curtius, Maurice Barrès und die geistigen Grundlagen des französischen Nationalismus. Bonn 1912 S. 178. Sie schließt: „Es handelt sich für uns nicht darum, zu wissen, ob das Elsaß wieder einmal französisches

es nicht etwa, um diese von einem unerträglichen Joch zu befreien; es war ihnen eine Sache der Kraft und Lebensfähigkeit Frankreichs[1]).

Gebiet werden wird oder nicht. Wir nehmen die vollzogene Tatsache an. Das Elsaß wünscht mit allen Kräften eine deutsch-französische Annäherung."

[1]) Man hat unsere Treitschkes, Bernhardis und zahlreiche andere Deutsche heftig getadelt, weil sie den Krieg als Jungbrunnen der Gesellschaft gefeiert haben, und die sittlichen Ergebnisse des Weltkrieges in allen Ländern haben den Tadlern recht gegeben; nur haben diese übersehen, daß sich die gleichen Lobredner des Krieges in allen Ländern, wie das Beispiel des Admirals Mahan zeigt, selbst in den Vereinigten Staaten finden. Hören wir Sembat a. a. O. 237, 238 über Frankreich: „Da haben wir Herrn von Mun in seinen kräftigen Federfeldzügen, da haben wir Paul Bourget, da haben wir Junius aus dem „Echo de Paris", von dem ich hier eine Stelle anführen will: ‚Der erzieherische Wert des Krieges ist niemanden zweifelhaft, der auch nur in geringem Maße die Gabe der Beobachtung besitzt. Die gesamte Weltgeschichte ist da, um es zu beweisen. Die Epochen starker geistiger Kultur sind stets nur dann bei den Völkern eingetreten, wenn diese die schmerzhafte aber fruchtbare Schulung durch das Blutopfer durchgemacht hatten. Ohne bis auf Rom und Griechenland zurückzugreifen, können wir dies Gesetz bei uns, unter der Restauration, feststellen; ebenso unter Ludwig XIII. und XIV. Die Generation, die sich tapfer geschlagen, vermacht ihren Erben die herrlichen Geisteseigenschaften, welche die Gewohnheit gezügelter, keine Gefahr scheuender Tatkraft und stets drohender Tod in ihnen hervorrufen mußte. Kunst und Wissenschaft erwerben durch diese Disziplin den Ernst sowohl wie die Schwungkraft, den Sinn fürs Wirkliche und die Festigkeit, welche, lauter echt militärische Tugenden, wenn ins Reich der Ideen verpflanzt, die großen Meister und die großen Werke zeitigen. Wehe den Völkern ohne Geschichte, die das feigste aller Sprichwörter selig preist, und die allzu lange die Schauer des Heldentums entbehrten. Die gefährlichsten Schwachköpfe, die unheilvollen Idealismus, die den Pazifismus predigen — in ihrer Ahnungslosigkeit predigen sie nichts anderes als den Sittenverfall, die geistige Fäulnis, all die byzantinischen Laster, die uns in der Furcht, Frankreich davon infiziert zu sehen, erzittern ließen. Welche Erlösung, heute feststellen zu können, daß es dazu nicht gekommen ist. Ja, wahrlich der Krieg ist der heilige Erneuerer, wenn schon der bloße Gedanke an ihn genügt, um die Seele eines Volks ins Gleichgewicht zu bringen." Ähnlich lesen wir in dem angeführten Buche von Caillaux S. 28ff.: „Ein Benediktiner von ganz besonderer Bedeutung und ganz besonderem Rang, die Seele der monarchistischen und klerikalen Gegenrevolution hält am 1. Juli 1914 in der Schlußsitzung des Cursus

Der Gedanke, daß der Revanche-Krieg nötig sei, um ihm die ihm gebührende Stelle als erste unter den Nationen wieder zu bringen, tritt uns besonders in den Tendenzromanen, Reden und Artikeln von Maurice Barrès entgegen[1]), eines Rufers, wenn auch nicht nach monarchischer Restauration, so doch nach dem Krieg als dem Jungbrunnen der Volkskraft. Selbst Männer, die Verehrer deutschen Geistes, Schwärmer für einen ganz Europa einenden Völkerbund und Kosmopoliten gewesen waren, verfielen dem Zauber seines Talentes und riefen alle Völker zur Mithilfe auf, auf daß Frankreich, das von Anbeginn der Geschichte Europas die Perle unter allen Völkern gewesen, dies in alle Ewigkeit bleibe[2]). Noch mehr mußte Barrès auf die Agitation wirken, die auf die Eitelkeit der von Selbstlob trunkenen Masse spekulierte. Die Leitartikel im „Gaulois" und im „Figaro" der letzten Jahre vor dem Weltkrieg bis zu

der ‚Action Française' eine große Rede. Nach Erklärungen, wie: „Frankreich ist als Monarchie geboren, es steht ihm nicht frei, sich eine andere Regierung zu geben, der Staat muß die Kirche schützen; sollte der Staat diesem Teil seiner Sendung nicht genügen, so müßten die katholischen Bürger hier eingreifen mit den gesetzlichen Mitteln, über die sie verfügen; das Legitimitätsprinzip ist auch künftig mit Gewalttätigkeit zu vereinbaren; ja, es kann kommen, daß es sie erheischt; die Kirche hat das Recht, Gewalt anzuwenden . . ." Nach solchen Erklärungen schließt er: „Die Schlacht ist ein Faktor der Weltordnung. Wollen wir Gott verherrlichen, so nennen wir ihn den Gott der Schlachten. Und eben darum hat Gott die Schlacht und den Krieg unvermeidlich gemacht, darum auch ist das Volk, das beide nicht zu schätzen weiß, dem Verschwinden geweiht.' So der Diener desjenigen, der gesagt hat: ‚Stecke dein Schwert in die Scheide; denn wer zum Schwerte greift, soll durch das Schwert umkommen' (Matth. XXVI, 52)."

[1]) Siehe Ernst Robert Curtius a. a. O.

[2]) Es ist mir vergönnt gewesen, in das Tagebuch einer geistig hochstehenden englischen Dame aus dem Jahre 1914 einen Blick zu werfen. Ich finde darin unter dem 1. Juli, also vier Wochen vor Ausbruch des Krieges, eingetragen: "When I read the pages which N. N., a cosmopolitan and traveller, a former advocate of European federation, and the biographer of German Nietzsche, has lately written about France having been the almost exclusive well-head or sun-head of all nobility and progress, the representative through the ages (emptied of all other peoples) at once of Christianity and of classical tradition, the genuine holy Roman (and Graeco-Roman!) Empire as well as the eldest and only daughter of the medieeval Church . . . when I read these fantastic

den Couplets, die man in den Pariser Kabaretts zu hören bekam, zeigten, daß, wenn auch nicht Frankreich[1]), so doch Paris den Krieg wollte.

2. Dazu kam noch ein anderer Versucher. Das war Rußland. Zwischen ihm und Deutschland bestand kein direkter Interessengegensatz[2]). Aber Rußland hat, seit es europäische Großmacht zu werden begann, nach den Meerengen bei Konstantinopel gestrebt. Es sah darin die Pforte, die seinen Feinden den Zugang zu seinem Hause verschloß und ihm selbst den zum Mittelmeere öffnete. Dadurch ist Deutschland nicht berührt worden; auch hat es ihm bis zum Abgang Bismarcks bei seinen Bestrebungen, sich am Bosporus festzusetzen, stets wohlwollende Neutralität und moralische und diplomatische Unterstützung zuteilwerden lassen[3]); Bismarck war der Meinung, „daß es für Deutschland nützlich sein würde, wenn die Russen auf dem einen oder anderen Wege,

---

self-laudations, and the even more amazing exhortations to preserve from threatening destruction this unique French country (and equivalent in other countries) I feel that mankind lives not only or so much by hunger and love as by the wind of its own vain words."

[1]) Caillaux a. a. O. S. 28 und ebenso Maurice Paléologue (Revue des deux Mondes vom 15. Januar 1921, S. 227) bezeugen, daß nach den Wahlen, welche den Sozialisten unter Jaurès und den Radikalen unter Caillaux eine erdrückende Mehrheit verschafft hatten, die Kammer bei Ausbruch einer Krise den Frieden vorgezogen hätte, wie Paléologue sagt, selbst unter Hinnahme einer nationalen Demütigung, unter Preisgabe der Allianz mit Rußland. Erst nachdem Poincaré Präsident geworden, hat Paléologue sich sicher gefühlt, daß es im Falle einer Krise zum Krieg komme, und ist, um ihn vorzubereiten, nach Petersburg als Botschafter gegangen. Vgl. auch Fernand Gouttenoire de Toury, Poincaré a-t-il voulu la guerre? Paris 1920. — Alfred Pevet, Les responsables de la guerre. Paris 1922 und die Korrespondenz zwischen Ernst Renault und Poincaré in „La Lanterne" vom 4., 5., 6., 7. und 8. Oktober 1921.

[2]) Siehe auch Bismarck, Gedanken und Erinnerungen II 261: „Wenn man Deutschland und Rußland isoliert betrachtet, so ist es schwer, auf einer von beiden Seiten einen zwingenden oder auch nur berechtigten Kriegsgrund zu finden."

[3]) Siehe den vielbesprochenen Rückversicherungsvertrag vom 18. Juni 1887 in Dr. Alfred Francis Pribram, Die politischen Geheimverträge Österreich-Ungarns 1879—1914, I, 306, 307. Wien und Leipzig 1920. Siehe unten S. 19, Anmerkung 3.

physisch oder diplomatisch, sich in Konstantinopel festgesetzt[1]) und dasselbe zu verteidigen hätten". Wohl aber hatten Österreich und Rußland entgegengesetzte Interessen im Balkan, desgleichen alle übrigen an das Mittelmeer grenzenden Länder, und ebenso England; es sah sich bedroht, wenn Rußland zum Mittelmeer vordränge. Daher England, Frankreich und das zum einigen Italien werden wollende Piemont der russischen Begehrlichkeit im Krimkriege 1854—1856 entgegengetreten waren mit dem Ergebnis, daß das Schwarze Meer für neutral erklärt wurde und keine Kriegsschiffe in demselben zugelassen werden sollten. Der österreichische Kaiser aber, dessen Herrschaft 1849 durch den Einfall der Russen in Ungarn gerettet worden war, lohnte diese Rettung mit Undank; er ließ seinen Retter im Stich, um nicht vom russischen Einfluß umklammert zu werden. Von da ab steigender Gegensatz zwischen Rußland und Österreich. Die Russen gaben ihre Pläne zur Beherrschung der Balkanhalbinsel nicht auf, und zur Gewinnung der diese bewohnenden slawischen Stämme diente ihnen die panslawistische Idee. Sie lehrten, der Geist, der allen Slawen gemeinsam sei, stehe in direkten Gegensatz zum Geist, der Westeuropa beseele, dem „germanischen Prinzip der Persönlichkeit". Das Recht jedes Einzelnen auf freie Entfaltung aller seiner Anlagen, der Individualismus, sei der Feind aller Autorität; es habe die Welt durchseucht; das russische Volkstum, dem es vollständig fremd sei, habe die Aufgabe, es zu besiegen und durch diesen Sieg die Welt zu erneuern.

Es darf nicht vergessen werden, daß diese Lehren gerade bei den preußischen Konservativen vielfachen Beifall fanden. Schon im Krimkrieg hatte Friedrich Wilhelm IV. durch seine Weigerung, sich den Westmächten anzuschließen, seinem Schwager Nikolaus den Rücken gedeckt. In der Blütezeit der preußischen Reaktion, den fünfziger Jahren des vorigen Jahrhunderts, hatte die russische Verherrlichung des Autoritätsprinzips auf Kosten der persönlichen Freiheit den begeisterten Beifall der Kreuzzeitung gefunden. Die Zaren betrachteten das damalige Preußen und auch die übrigen deutschen Staaten als russische Vorwerke in Europa[2]), und auf Drängen der zarischen Regierung sind

[1]) Bismarck a. a. O. II 263. Vgl. dazu Freiherr Lucius von Ballhausen, Bismarck-Erinnerungen. Berlin 1921. S. 356, 504.

[2]) Siehe darüber auch Bismarck I 274.

diese nur zu oft die Vollstrecker russischer Willkür gewesen, wo es galt, russische Liberale oder gar Sozialisten und Anarchisten zu verfolgen.

Diese Stellung Deutschlands hat sich nach Gründung des Deutschen Reiches geändert. Nicht als ob nicht auch nach 1871 die deutschen Regierungen ihre Polizei in den Dienst der zarischen Regierung gestellt hätten; das hat fortgedauert bis zum Ausbruch des Weltkrieges[1]). Aber das Verhältnis Rußlands und Deutschlands zu einander war ein anderes geworden. Die Verehrung und Freundschaft, mit der Alexander II. an Wilhelm I., seinem Onkel, hing, war für Deutschland während des Krieges 1870—1871 von großem Nutzen gewesen. Aber, schreibt Bismarck[2]), „ich glaube kaum, daß das russische Kabinet während des Krieges deutlich vorausgesehen hat, daß es nach demselben ein so starkes und konsolidiertes Deutschland zum Nachbar haben würde." Die Verdrossenheit darüber, daß der vordem so dienstwillige Schützling die erste Stelle in Europa erlangt hatte[3]), trat schon 1875 hervor. Der in seiner Eitelkeit gekränkte Gortschakow hat damals von Berlin aus ein zur Mitteilung bestimmtes Zirkular an sämtliche russischen Ge-

---

[1]) Siehe „Dokumente aus den russischen Geheimarchiven, soweit sie bis zum 1. Juli 1918 eingegangen sind. Auswärtiges Amt. Berlin. Gedruckt in der Reichsdruckerei." Sie werden hier des weiteren zitiert „Russische Geheimdokumente", S. 207.

[2]) Bismarck II 231.

[3]) Bismarck II 173 spricht von der Eitelkeit Gortschakows, seiner Eifersucht auf ihn und seiner Mißstimmung angesichts des Widerstandes, den Bismarck seinen Ansprüchen auf Präpotenz zu leisten gehabt habe, und fährt fort: „Ich hatte ihm in vertraulichem Gespräche sagen müssen: ‚Sie behandeln uns nicht wie eine befreundete Macht, sondern comme un domestique, qui ne monte pas assez vite, quand on a sonné. . . ." Mit Vorliebe hatte Gortschakow als Zuhörer fremde Diplomaten und namentlich jüngere Geschäftsträger von Intelligenz, denen gegenüber die vornehme Stellung des auswärtigen Ministers, bei dem sie beglaubigt waren, dem oratorischen Eindrucke zu Hilfe kam. Auf diesem Wege gingen mir die Gortschakowschen Willensmeinungen in Formen zu, die an das Roma locuta est erinnerten. Ich beschwerte mich in Privatbriefen bei ihm direkt über diese Form des Geschäftsbetriebs und über die Tonart seiner Eröffnungen und bat ihn, in mir nicht mehr den diplomatischen Schüler zu sehen, der ich in Petersburg ihm gegenüber bereitwillig gewesen wäre, sondern jetzt mit der Tatsache zu rechnen, daß ich ein für die Politik meines Kaisers und eines großen Reichs verantwortlicher Kollege sei."

sandten telegraphiert, das den Anschein erwecken sollte, daß er die Welt vor einer Katastrophe gerettet habe, indem er log, daß Deutschland Frankreich habe überfallen wollen, bevor es wieder zu Kräften gekommen, und nur sein Einspruch dies verhindert habe[1]). Das war aber nur das erste Anzeichen der beginnenden Entfremdung. Am 8. Juli 1876 kam Alexander II. mit dem österreichischen Kaiser in Reichstadt zusammen und versprach diesem, daß er gegen Österreichs Besitznahme von Bosnien und der Herzegowina keinen Einspruch erheben würde, falls es in dem Kriege, mit dem er die Türkei zu überziehen beabsichtigte, neutral bleibe. Der russische Gedanke war also der, daß Österreich den Russen die östliche Hälfte der Balkanhalbinsel überlassen solle, wogegen Rußland ihm die westliche Hälfte zu überlassen bereit sei. Ein weiteres war, daß, als Rußland sich über die Teilung der Türkei mit Wien zu verständigen suchte, dies entgegen der früheren Intimität zwischen Petersburg und Berlin auch vor Deutschland geheim bleiben sollte[2]). Die Überlassung von Bosnien und der Herzegowina an Österreich-Ungarn scheint die Russen aber alsbald wieder gereut zu haben, denn im Herbst 1876 ließ Alexander II. bei Bismarck anfragen, ob Deutschland neutral bleiben würde, wenn Rußland mit Österreich in Krieg geriete. Bismarck antwortete, Deutschlands erstes Interesse sei Freundschaft zwischen den beiden großen Monarchien. Sei diese nicht möglich, so könnten wir zwar ertragen, daß unsere Freunde Schlachten gegeneinander verlören, aber nicht, daß einer von beiden so schwer verwundet und geschädigt werde, daß seine Stellung als unabhängige und in Europa mitredende Großmacht gefährdet würde[3]). Auch wurde die Gegenfrage Bismarcks, ob Rußland gegen Unterstützung im Orient auf einen Garantievertrag für den deutschen Besitzstand eingehen wolle, von Gortschakow rundweg abgelehnt[4]).

Darauf folgte der Russisch-Türkische Krieg. Den Russen gelang es nach langem Ringen, die Türkei niederzuwerfen. Dann haben sie ihr im Frieden von San Stefano Bedingungen auferlegt, von denen jede,

---

[1]) Bismarck II, 172—179; 230—232. Vgl. dazu Lucius von Ballhausen, 71, 78, 80.

[2]) Bismarck II, 215.

[3]) Bismarck II, 211ff., 214.

[4]) Otto Hammann, Der mißverstandne Bismarck. Berlin 1921, S. 16 nach L. Raschdau in den Grenzboten vom 12. April 1918, S. 27.

wie Lord Salisbury ausführte, mit dem Pariser Frieden 1856 im Widerspruch stand und Rußland ein erdrückendes Übergewicht gegeben hätte. Dadurch sah Österreich-Ungarn seine Interessen gefährdet; die Engländer aber entsandten Kriegsschiffe nach den Dardanellen. Der Weltfriede war bedroht. Da hat Bismarck einen großen Fehler begangen. Statt den Streit durch die Mächte, welche an den Fragen direkt interessiert waren, austragen zu lassen, hat er auf Wunsch der Russen[1]) einen Kongreß nach Berlin einberufen und auf diesem als „ehrlicher Makler" einen Ausgleich zwischen den Streitenden vermittelt. Er hat die siegreichen Russen zum Nachgeben gebracht. Er hat ihnen dadurch einen wahren Freundschaftsdienst erwiesen, denn er rettete sie davor, von den mit Österreich-Ungarn verbündeten Westmächten besiegt zu werden. Aber die Russen wußten keinen Dank. Sie wollten die ihnen abverlangten Zugeständnisse nicht machen. Gortschakow blieb sogar zwei Sitzungen des Kongresses fern und überließ es Schuwalow nachzugeben. Bei den diplomatischen Verhandlungen über Ausführungen der Bestimmungen des Kongresses erwartete Gortschakow, wie Bismarck berichtet[2]), daß Deutschland jede russische Auffassung, die von der österreich-englischen abwich, ohne weiteres unterstütze und durchsetze, und zwar sollte es die russischen Wünsche erraten und vertreten, ohne daß Rußland selbst sie auszusprechen und dadurch eine Verantwortung zu übernehmen brauchte. Sein Zweck war, dem Kaiser Alexander die deutsche Politik als unehrlich und unzuverlässig erscheinen zu lassen. Der Erfolg war, daß selbst die Zarin die deutsche Freundschaft für Rußland als zu platonisch bezeichnete. Was man erwartet hatte, war, daß sich Deutschland in den ausschließlichen Dienst Rußlands stelle, als ob es nicht, wie Bismarck bemerkt[3]), auch seine Beziehungen zu den übrigen Großmächten im Auge zu behalten und dauernde prinzipielle Feindschaft mit jeder von ihnen zu vermeiden gehabt hätte. Daß Deutschland diese Erwartungen getäuscht hatte, empfand Gortschakow als eine persönliche Niederlage; er sann auf Krieg. Dabei fand er in den Panslawisten eine mächtige Stütze[4]). Ihre

[1]) Bismarck II, 215.
[2]) Bismarck II, 217.
[3]) Bismarck II, 216.
[4]) Vgl. auch die Depesche des belgischen Gesandten in Berlin vom 17. März 1882 bei Schwertfeger, Der Fehlspruch von Versailles, S. 4.

Agitation gegen Deutschland wurde grenzenlos. Ich habe schon bemerkt, daß Bismarck der Festsetzung der Russen am Bosporus stets das Wort geredet hat, so zwar, daß er selbst den österreichischen Kaiser zu überzeugen gesucht hat[1]), daß „ein Rußland mit einem Fuß in Sofia oder in Konstantinopel schwächer sei als ein solches mit der Direktion auf Krakau"; nichtsdestoweniger erblickten die Panslawisten im Deutschen Reich das Bollwerk gegen das Vordringen der Russen zum Mittelmeer und gegen den Sieg des Panslawismus in Europa. Denn Österreich-Ungarn glaubte man nicht fürchten zu müssen, solange es allein blieb; es schien ihnen bloß gefährlich als Alliierter des Deutschen Reichs. Aus der panslawistischen Presse erscholl der Ruf: „Konstantinopel muß in Berlin erobert werden[2])"; „der Weg nach Wien führt über Berlin", rief General Skobelew[3]). Gortschakow sprach sich offen dahin aus, daß Frankreich sich wieder stark machen müsse[4]), und als Österreich-Ungarn von dem ihm im Berliner Vertrag zuerkannten Rechte Gebrauch machte und 1879 in Nowibazar einrückte, erinnerte sich Rußland nicht, daß der Berliner Kongreß nur bestätigt hatte, was der Zar schon vor demselben, 1876, im Geheimvertrag von Reichstadt Österreich-Ungarn als Preis seiner Neutralität in dem von ihm beabsichtigten Türkenkrieg zugestanden hatte: Alexander II. schrieb an seinen vielgeliebten Onkel Wilhelm einen Drohbrief, und zwischen Petersburg und Paris fanden auf ein offensives Vorgehen gegen Deutschland gerichtete Besprechungen statt[5]).

Daraus ist allerdings nichts geworden. Frankreich hat damals noch ein Bündnis mit Rußland abgelehnt, und Alexander II. hat später selbst den an seinen Onkel geschriebenen Brief für eine Dummheit erklärt. Aber Bismarck nahm diese Vorgänge doch als eine Warnung[6])

---

[1]) Lucius von Ballhausen, S. 365. Vgl. dazu Bismarck II, 263: „Wenn ich österreichischer Minister wäre, so würde ich die Russen nicht hindern, nach Konstantinopel zu gehen" usw.

[2]) Hammann a. a. O., S. 17.

[3]) Ebenda S. 55.

[4]) Hammann, Zur Vorgeschichte des Weltkrieges. Berlin 1918, S. 24. Vgl. dazu Bismarck II, 219.

[5]) Bismarck II, 219. Hammann, Der mißverstandne Bismarck, S. 18.

[6]) Siehe seinen am 10. September 1879 an den König von Bayern gerichteten Brief. Bismarck II, 238 ff.

und tat sofort Schritte, um sich durch ein Defensivbündnis mit der österreich-ungarischen Monarchie gegen etwaige Angriffe seitens Rußlands oder einer anderen Macht, an denen sich Rußland beteilige, zu sichern. Eine Zusammenkunft Wilhelms I. mit seinem Neffen in Alexandrowo hat dann zwar zu der Hoffnung Anlaß gegeben, daß Rußlands Rüstungen sich weder gegen Deutschland noch Österreich-Ungarn richteten. Aber das Mißtrauen Bismarcks war einmal erregt, und am 7. Oktober 1879 wurde das Defensivbündnis zwischen Deutschland und Österreich-Ungarn in Wien abgeschlossen[1]). Es ist dann trotz der wenig deutschfreundlichen Gesinnung seines Nachfolgers Alexanders III. 1881 sogar zu einem Dreikaiserbündnis gekommen, in dem der Deutsche Kaiser, der Zar und der österreichische Kaiser sich für drei Jahre wohlwollende Neutralität in allen Konflikten mit einer vierten Macht, gemeinsames Vorgehen bei neuen Veränderungen im Balkan und Aufrechthaltung des Schlusses der Meerengen auch gegen andere Mächte versprachen. Der Vertrag ist 1884 erneuert worden, abermals auf drei Jahre[2]), und als Österreich 1887 nicht mehr mittat, schloß[3])

---

[1]) Siehe Pribram, S. 3—10.

[2]) Siehe die Verträge bei Pribram, S. 11ff. und S. 35.

[3]) Der Vertrag ist vom 18. Juni 1887. Artikel I bestimmt, daß im Falle der eine Kontrahent sich im Kriege mit einer dritten Macht befände, der andere ihm gegenüber wohlwollende Neutralität aufrechterhalten und sich bemühen würde, den Konflikt zu lokalisieren. Das solle jedoch nicht gelten, im Falle einer der Kontrahenten einen Angriffskrieg gegen Österreich oder Frankreich führen sollte. Im Artikel II erkennt Deutschland die von Rußland geschichtlich auf der Balkanhalbinsel erworbenen Rechte und insbesondere die Legitimität seines überwiegenden und entscheidenden Einflusses in Bulgarien und Ostrumelien an, und beide Länder verpflichten sich, keinerlei Änderung im Status quo der Balkanhalbinsel ohne vorausgegangene Übereinstimmung zuzulassen, und im Absatz 2 des „sehr geheimen" Zusatzprotokolls verpflichtet sich Deutschland zu wohlwollender Neutralität und moralischer und diplomatischer Unterstützung Rußlands, falls dieses sich genötigt sähe, zur Wahrnehmung seiner Interessen den Eingang zum Schwarzen Meere zu verteidigen. Artikel III enthält dieselben Bestimmungen über Aufrechterhalten der Beschlüsse des Berliner Kongresses betreffend die Dardanellen seitens der Türkei gegenüber jedweder Macht, wie die beiden vorausgegangenen Verträge. Siehe Pribram, S. 305ff.

Deutschland allein mit Rußland den sog. Rückversicherungsvertrag wieder auf drei Jahre.

Es ist dem Fürsten Bismarck aber bei all diesen Bündnissen mit Rußland niemals ganz wohl zumute gewesen, „weil das Festhalten an der alten Tradition des preußisch-russischen Bundes doch immer nur auf zwei Augen stehe, d. h. von dem Gemütsleben des jedesmaligen Kaisers von Rußland abhänge"[1]). Viel lieber wäre ihm ein Bündnis mit England gewesen. Wir wissen heute, daß er schon 1875, wohl unter dem Eindruck des Gortschakowschen Überfalls, Lothar Bucher, seinen intimsten Mitarbeiter, nach London geschickt hat, um ein Bündnis mit England herbeizuführen; das Bündnis ist damals von England abgelehnt worden[2]). Und ebenso ist es den späteren Bündnisvorschlägen ergangen, die Bismarck, wovon noch die Rede sein wird, England gemacht hat; er hat dies, wie die Erfahrung zeigt, irrigerweise dem englischen Parlamentarismus mit seinen wechselnden Ministerien zur Last gelegt. Wie berechtigt aber sein Streben war, das Bündnis mit Rußland durch ein solches mit England zu ersetzen, zeigt, daß der Gortschakowsche Gedanke eines russisch-französischen Bündnisses gegen Deutschland, nachdem er einmal angeregt war, weder in Rußland noch in Frankreich wieder erloschen ist. Er hat mächtig zur Belebung des Revanchegedankens beigetragen. In demselben Jahre 1887, in dem sich Alexander III. von Deutschland wohlwollende Neutralität und moralische und diplomatische Unterstützung versprechen ließ, falls Rußland die Meerengen, d. h. Konstantinopel, besetze, haben ihm die Franzosen eine halbe Million Lebelgewehre geliefert gegen das Versprechen, daß sie nicht auf Franzosen schießen würden[3]). Das war die erste Annäherung von Rußland und Frankreich. Ihr folgte die Aufnahme einer ersten russischen Anleihe in Frankreich Ende 1888. Beides zeigte, wie recht Bismarck gehabt hatte, als er sagte, daß das Festhalten an der alten Tradition des preußisch-russischen Bundes von dem Gemütsleben des jeweiligen Zaren abhänge. Aber Wilhelm II. hat nicht die Weisheit sei-

[1]) Bismarck II, 225ff.

[2]) Am ausführlichsten darüber Hermann Freiherr von Eckardtstein, Lebenserinnerungen und politische Denkwürdigkeiten. Leipzig 1919, II, 101. Vgl. dazu den Brief des Fürsten Münster bei Eckardtstein I, 296, der das von diesem Gesagte bestätigt.

[3]) Hammann, Der mißverstandne Bismarck, S. 55.

nes erfahrenen Kanzlers genutzt. Er glaubte durch eine Häufung von Liebenswürdigkeiten sowohl gegen Frankreich als auch gegen Rußland die ihm von der Annäherung zwischen beiden drohenden Gefahren abwenden zu können[1]). Er glaubte die Franzosen dadurch dazu zu bringen, den Verlust von Elsaß-Lothringen zu vergessen; er hat sogar keinen Anstand genommen, seine Mutter, die Kaiserin Friedrich, 1891 nach Paris zu entsenden, damit sie durch Besuche bei den französischen Künstlern deren Teilnahme an einer Kunstausstellung in Berlin erreiche; als diese, recht wenig taktvoll, die Gelegenheit wahrnahm, nach dem 1871 im Kriege zerstörten St. Cloud zu fahren, mußte sie sich durch schleunige Abreise nach England deutschfeindlichen Kundgebungen entziehen. Nichtsdestoweniger hat Wilhelm II. bis unmittelbar vor Ausbruch des Weltkrieges an seiner trügerischen Hoffnung festgehalten. Und ebensowenig konnten seine das deutsche Selbstgefühl nicht selten verletzenden Aufmerksamkeiten gegen den Zaren den Fehler wieder gutmachen, den er und sein neuer Kanzler Caprivi begangen hatten, als sie unmittelbar nach dem Sturze Bismarcks die Erneuerung des von diesem mit Rußland am 18. Juni 1887 abgeschlossenen Neutralitätsvertrages ablehnten. Es folgte am 23. Juli 1891 die Verbrüderung der russisch-französischen Flotten in Kronstadt, und nach einem Besuche Alexanders III. und des Großfürsten-Thronfolgers am 4. Juni 1892 beim Deutschen Kaiser in Kiel überwand der Zar seine tiefe Abneigung gegen alles Republikanische. Er genehmigte am 17. August desselben Jahres eine Militärkonvention mit Frankreich, wonach, wenn auch nur eine Macht des deutsch-österreichisch-italienischen Dreibunds mobilmachen sollte, die unverzügliche und gleichzeitige Mobilmachung der gesamten französischen und russischen Streitkräfte und ihre schleunige Einsetzung zum entscheidendem Kampfe stattzufinden habe, und am folgenden Tage vereinbarte er mit dem Souschef

[1]) Die Liebenswürdigkeiten gegen Frankreich beginnen mit der Auszeichnung, mit der die französischen Delegierten zur Berliner Arbeiterschutzkonferenz von Wilhelm II. aufgenommen wurden, und das Liebeswerben dauert fort bis zur Ministerpräsidentschaft Poincarés, der noch als Präsident der Republik, wie M. Paléologue in der Revue des deux Mondes, 15. Januar 1921, erzählt, die vom Deutschen Kaiser Eingeladenen davor gewarnt hat. Von denen gegen Rußland geben die Briefe Wilhelms II. an Nikolaus II. Zeugnis.

des französischen Generalstabs, General Boisdeffre, daß Mobilmachung gleichbedeutend mit Krieg sei. Andererseits fühlten der Präsident der demokratischen Republik, Felix Faure, und seine Nachfolger sich glücklich, dem Zaren, der von der Zertrümmerung der Volksfreiheit Europas träumte, in allem entgegenzukommen. Die Franzosen haben Milliarden über Milliarden Rußland vorgeschossen. Mit Hilfe derselben beschaffte dieses die Rüstung für seine Armee und baute sein strategisches Eisenbahnnetz gegen die Westgrenze aus.

Unter Nikolaus II. hat die Doppelzüngigkeit der russischen Politik noch mehr zugenommen. Trotz der innigen Freundschaftsbriefe, die er mit Wilhelm II. wechselte[1]), wurde schon 1896 vom russischen Generalstab ein Plan für die Besetzung der Meerengen ausgearbeitet, also ein Krieg vorbereitet, der nach russischer Auffassung nur über Deutschland gehen konnte; und im Jahr 1899 hat der damalige französische Außenminister Delcassé das zwischen Rußland und Frankreich bestehende Einverständnis dahin erweitert, daß es sich, statt wie bisher nur auf Aufrechterhaltung des Friedens, nunmehr auf die des europäischen Gleichgewichts erstreckte; d. h. falls es, wie man erwartete, beim Tode des greisen Franz Joseph zur Auflösung der österreichisch-ungarischen Monarchie käme, wollte man die Angliederung Deutsch-Österreichs an das Deutsche Reich gemeinsam verhindern. Alle Berufungen Wilhelms II. in seinen Briefen an Nikolaus[2]) auf die traditionelle Freundschaft der Hohenzollern und Romanows und alle seine Warnungen, wie es das Prinzip des Monarchismus gefährde, wenn Großfürsten, russische Staatsmänner und Generale fortwährend in „vollem Wichs" zusammen mit dem Haupte der Republik aufträten[3]), vermochten die wachsende russisch-französische Verbrüderung nicht aufzuhalten. Im Bund mit Rußland und im Einverständnis mit England, von dem noch die Rede sein wird, glaubte die französische Armee sich des Sieges über Deutschland sicher. Man lese in „La France militaire" von 1911 die Enttäuschung, die es den Kriegstreibern in Frankreich bereitet hat, daß Wilhelm II. es damals nicht zum Kriege hat kommen lassen; man erinnere sich jener Drohrede, in welcher Nikolai Nikolajewitsch, der

[1]) Briefe Wilhelms II. an den Zaren 1894—1914. Herausgegeben und eingeleitet von Professor Dr. Walter Goetz. Berlin 1920.
[2]) Ebenda S. 55.
[3]) Ebenda S. 25.

russische Höchstkommandierende am Anfang des Weltkrieges, 1912 am Schluß der französischen Manöver, denen er beigewohnt hatte, aus der Vernichtung Deutschlands als dem Ziele der russischen Politik gar kein Hehl machte[1]), und man wird zugeben müssen, daß es nur mehr eine Frage der Zeit war, wann die Verbündeten Frankreich und Rußland sich stark genug fühlen würden, den Kampf gegen das mit Österreich-Ungarn verbündete Deutschland aufzunehmen.

3. Doch bevor ich davon rede, muß ich von dem schon erwähnten England sprechen; seine Haltung ist der wirksamste Faktor in der Herbeiführung dieses Momentes gewesen.

England hat seit seinem hundertjährigen Kampfe um die französische Krone nicht mehr ein Land auf dem europäischen Kontinent zu erobern gesucht. Wohl aber hat es nicht aufgehört, sich in europäische Händel zu mischen. Wo zwei Länder sich stritten, hat es sich stets auf Seite desjenigen gestellt, das ihm das minder mächtige erschien, angeblich, um das europäische Gleichgewicht zu erhalten, in Wirklichkeit um die Wagschale zu seinen Gunsten zu senken. Seit es aus dem Agrarstaat, der es noch am Ausgang des 17. Jahrhunderts gewesen war, ein überwiegender Handels- und Industriestaat geworden ist, hat es fortwährend Handelskriege geführt. Das 18. Jahrhundert zeigt eine nur wenig unterbrochene Reihe von englischen Handelskriegen. Der Handel aber lebte damals noch der Vorstellung, daß der Gewinn des einen immer auf dem Verlust eines anderen beruhe, und umgekehrt erblickte man im Verluste des anderen den eigenen Gewinn. Daher denn auch die englische Kriegsmacht nicht nur darauf aus war, für den eigenen Handel Vorteile zu sichern, sondern auch den Handel jedwedes möglichen Konkurrenten zu schädigen. Englands Kriege dienten zur Erpressung von Handelsverträgen, die, für England vorteilhaft, den

---

[1]) Maurice Paléologue, der französische Botschafter in Petersburg bei Ausbruch des Krieges, hat in der Revue des deux Mondes vom 15. Januar 1921, S. 242 erzählt, wie die Gattin des Großfürsten, Anastasia, die diesen begleitet und sich schon damals in antideutschen Demonstrationen sehr temperamentvoll geäußert hatte, in einer Bonbonniere Erde aus Lothringen mitgebracht und 1914 triumphierend zu ihm gesagt habe: „Ihr werdet Elsaß-Lothringen wieder nehmen; unsere Armeen werden in Berlin sich treffen; Deutschland wird vernichtet werden“, und Paléologue hat dies voll Entzücken geschlürft.

schwächeren Staaten schädlich erschienen, zur Eroberung von Kolonien und zur Vergewaltigung der eigenen Kolonien im Interesse des Mutterlandes, besonders aber, seit Cromwell England die Übermacht zur See verschafft hatte, zur Wegnahme nicht nur des feindlichen, sondern selbst des neutralen Privateigentums zur See. Denn im 18. Jahrhundert galt nicht einmal im Landkrieg, daß das Privateigentum vor feindlichem Zugriff sicher sein solle, und im Seekrieg war jedes gekaperte Handelsschiff samt seiner Ladung selbstverständliche Beute; durch Blockieren der feindlichen Häfen schädigte man den Handel sowohl der Feinde als auch der Neutralen. Man beanspruchte das Recht, jedwedes Schiff auf hoher See zu durchsuchen, ob es nicht Waffen oder anderes, was dem Feinde dienen könne, an Bord führe, und stellte die beschlagnahmten Schiffe vor Gerichte, die lediglich mit Richtern, die der beschlagnehmenden Nation angehörten, besetzt waren. Den Höhepunkt hat diese Seetyrannei Englands während der Napoleonischen Kriege erreicht. Es hat damals nicht nur die Handelsmarine des feindlichen Frankreichs, sondern auch die neutralen holländischen, deutschen und dänischen Handelsmarinen vernichtet. Selbstverständlich, daß die Völker sich gegen solche Vergewaltigung zu wehren suchten.

Unterdessen war aber in der Studierstube der Philosophen, und zwar gerade auch in England, die Erkenntnis gereift, daß der Handel, bei dem beide Vertragschließende ihren Vorteil finden, weit gewinnbringender sei wie der, der auf Vergewaltigung und Übervorteilung beruhe[1]). In den Jahren 1835 und 1836 hat der einunddreißigjährige Handelsreisende Richard Cobden in zwei berühmt gewordenen Broschüren[2]) sie einem weiten Leserkreis zugänglich gemacht. Er hat seinen Landsleuten klargemacht, wie Englands Einmischung in die freie Entwicklung der Völker und seine Seetyrannei seinem eigenen Interesse im Wege stehe. Ihr Interesse sei der größtmögliche Absatz ihrer Produkte. Dieser setze die geringstmöglichen Produktionskosten voraus. Die heuchlerische Lehre von der Notwendigkeit, das Gleichgewicht unter den Völkern zu erhalten, aber führe zu fortwährenden Kriegen und das überkommene Seebeuterecht zu Abwehrmaßnahmen der übrigen

---

[1]) Siehe Josiah Tucker, Four Tracts on political and commercial subjects. 3. ed. Glocester 1776.

[2]) Wiederabgedruckt in The political writings of Richard Cobden. Vol. I. London 1867.

Völker. Beides habe steigende Rüstungsausgaben Englands zur Folge und diese ein Wettrüsten unter den Völkern. Die weitere Folge seien steigende Produktionskosten in Folge zunehmender Steuerlast. Nicht aber dem Sieger falle die Kundschaft zu, sondern dem, der die Waren am besten und billigsten liefere. Nicht Seetyrannei, sondern Freihandel und Friede seien das Einzige, was Englands Interesse entspreche.

Cobden hat mit seiner Agitation für Freihandel einen der größten Erfolge in der Weltgeschichte erzielt, aber doch nicht ganz. Seine Agitation hat zur Beseitigung der Getreidezölle, der Navigationsgesetze, des Kolonialmonopols des Mutterlands und zum englisch-französischen Handelsvertrag von 1860, durch welchen der letzte Rest der englischen Schutzzölle abgeschafft wurde, geführt, und diese Reformen sind der Ausgangspunkt einer wahrhaft berauschenden Zunahme des englischen Reichtums geworden. Aber es ist ihm nicht gelungen, die leitenden Staatsmänner Englands, die nur nach langen Zögern sich zu den genannten Reformen verstanden hatten, zur Preisgabe des Seebeuterechts, die Cobden als einen integrierenden Teil des Freihandels erklärt hatte, zu bekehren. Sie verharrten in dieser Beziehung nach wie vor im Fahrwasser der Merkantilpolitik und weigerten sich, auf gewaltsame Schädigung von Konkurrenten als Kampfmittel im Interesse des englischen Handels zu verzichten. Am Widerstand Englands ist auf der Pariser Konferenz von 1856 der Schutz des Privateigentums zur See gescheitert. Der Grund seines Widerstands wurde 1861 von Lord John Russell ausgesprochen; er sagte: England erwarte mit seiner überlegenen Flotte, den Handel der mit ihm im Kriege befindlichen Nationen in kürzester Zeit zu ruinieren und sich so nicht nur seine Übermacht zur See, sondern auch seine Handelsherrschaft für alle Zeiten zu sichern.

Indem das freihandelsstolze England sich weigerte, trotz der Mahnung, die Cobden noch 1862 ausgesprochen hat[1]), die notwendige Er-

[1]) Siehe, was Cobden, Brief am 10. April 1862 an Henry Ashworth (The political writings of Richard Cobden, London 1867, S. 5ff.) zugunsten der Freiheit der Meere schrieb. Er verstand darunter: 1. Beseitigung des Seebeuterechts in Kriegszeiten; 2. Beschränkung der Blockaden auf Arsenale und solche Städte, die gleichzeitig von der Landseite belagert werden, mit Ausnahme von Waren, die Kriegskonterbande sind; 3. Beseitigung des Visitationsrechts der Schiffe von Neutralen in Kriegszeiten. Diese drei Forderungen hat Cobden als

gänzung der Beseitigung der Schutzzölle, die Unverletzlichkeit des Privateigentums zur See auch im Kriegsfall, anzuerkennen, trifft es ein wesentlicher Anteil an der Verantwortung für Ausbruch des Weltkriegs. Man kann gradezu sagen, hätte es die Freiheit der Meere auch im Kriegsfall anerkannt, so wäre es nicht zum Weltkrieg gekommen. Denn es liegt auf der Hand, wäre die Freiheit der Meere auch im Kriegsfall Grundsatz des Völkerrechts, so wären kaum mehr Kriegsschiffe, außer soweit sie der Seepolizei gegen Seeräuber dienen, nötig[1]). Ihre Verweigerung durch England hat dagegen den Bau einer deutschen Flotte nötig gemacht in dem Maße, in dem die deutsche Industrie aufblühte und Deutschland, um seine rapid anwachsenden Bevölkerung ernähren zu können, auf den Absatz seiner Produkte über See angewiesen war. Der deutsche Flottenbau aber hat, wie wir noch sehen werden, zur Entstehung der Entente und diese zum Weltkrieg geführt. Wenn der deutschen Regierung mit Recht vorgeworfen wird, daß sie sich im Haag ebenso wie Frankreich gegen die allgemeine Abrüstung ablehnend verhalten und damit zur Beunruhigung Europas, die zum Weltkriege geführt hat, beigetragen habe, so gebietet es die Gerechtigkeit, nicht zu vergessen, daß Lord Derby 1874 Namens der englischen Regierung auf der Brüsseler Konferenz selbst die Erörterung der Freiheit der

---

integrierenden Teil des Freihandels erklärt. „Ich will", so schloß er, „nur hinzufügen, daß ich diese Änderungen als das notwendige Korrelat der Beseitigung der Navigationsgesetze, der Abschaffung der Kornzölle und der Preisgabe des Kolonialmonopols erachte. Wir haben die Herrschaft der Gewalt verworfen, um dem Grundsatz der Freiheit zu vertrauen, der ungebundenen, der unbedingten Freiheit. Unter diesem neuen Regime hat unser nationaler Reichtum zugenommen wie noch niemals zuvor. In den letzten vierzehn Jahren ist die Zunahme unseres Handels größer gewesen als seine Gesamtzunahme während der vorausgegangenen tausend Jahre, die auf Gewalt, List und Monopol sich stützten. Das sollte uns ermuntern, weiterzuschreiten in voller Zuversicht, daß jedes weitere Hemmnis in der Entwicklung des Handels, sowohl zur See als zu Land, im Frieden wie im Krieg, das beseitigt wird, unseren Wohlstand mehren wird unter gleichzeitiger Förderung der allgemeinen Interessen der Menschheit."

[1]) Anerkannt vom Grafen Czernin. Siehe Ottokar Czernin, Im Weltkriege. Berlin und Wien 1919, S. 240: „Die riesigen Flotten haben keinen Zweck mehr, wenn die Staaten der Welt die Freiheit der Meere garantieren."

Meere im Kriegsfall kategorisch abgelehnt hat[1]), und daß die britischen Admiräle bis in die Zeit unmittelbar vor Ausbruch des Weltkrieges erklärt haben, die Anerkennung der Unverletzlichkeit des Privateigentums zur See im Kriegsfall durch England würde für dieses so viel wie den Verlust einer Anzahl Seeschlachten bedeuten. Der deutsche Militarismus hatte im britischen Marinismus sein vollkommenes Gegenstück.

4. Und nun komme ich zu Deutschland.

Die Handelspolitik des 18. Jahrhunderts, das sog. Merkantilsystem, war nichts anderes als der organisierte Krieg eines Staates gegen alle anderen gewesen[2]). In vollem Gegensatz zu derselben war Preußen-Deutschland seit den Freiheitskriegen aufgeblüht. Es hatte erkannt, daß im normalen Handel, bei dem der Eine gewinnt, auch der Andere gewinnt, und daß das Aufblühen der anderen Nationen die Voraussetzung des Aufblühens auch der eigenen ist, und in dieser Erkenntnis sich bis 1877 dem Freihandel genähert. Da erfolgte der Umschwung. Man kehrte zur Auffassung zurück, daß der Vorteil des Einen auf dem Schaden des Anderen beruhe, und Bismarck bekannte sich zu der Roßtäuscherpolitik, daß es bei einem Handelsvertrag darauf ankomme, den Mitvertragsschließenden zu übervorteilen[3]). Deutschlands ganze Wirtschaftspolitik wurde auf Feindseligkeit gegen das Ausland aufgebaut. Dabei huldigte Bismarck der der Geschichte des deutschen Zollvereins wie der aller Volker widersprechenden Anschauung, daß man mit einem Volke politisch gut Freund sein und gleichzeitig eine dasselbe schädigende Handelspolitik treiben könne. Er hat damit bei den anderen Völkern keinerlei Verständnis gefunden. Sie erwarteten als Gegengabe für ihre politische Freundschaft, daß dem Absatz ihrer Produkte keine künstlichen Schranken gezogen würden, und, als das Gegenteil eintrat, wandelte sich ihre Freundschaft in Haß.

---

[1]) Schon von Bülow im Reichstag am 30. April 1907 geltend gemacht.

[2]) Siehe Wilhelm Roscher, Nationalökonomik des Handels und Gewerbfleißes, § 39. — Ebenso der amerikanische Admiral Mahan, Die weiße Rasse und die Seeherrschaft. Leipzig 1909, S. 11: „Was ist unser Protektionssystem anders als ein organisierter Krieg?“

[3]) Bismarck hat im Reichstag am 2. Mal 1879 gesagt: „Der Weg der Handelsverträge ist ja unter Umständen ein sehr günstiger, es fragt sich nur bei jedem Vertrage: qui trompe-t-on ici? wer wird übervorteilt?“

Ist der große Kanzler somit nicht ohne Schuld an der Vorbereitung jener gegen Deutschland gerichteten Vereinigung, der es im Weltkrieg erlegen ist, so kannte er andererseits keine größere Sorge als die, eine solche Vereinigung abzuwehren. Als sich schon wenige Jahre nach dem deutsch-französischen Krieg, i. J. 1875, eine allgemeine europäische Koalition gegen Deutschland zu bilden drohte, hat Bismarck, wie schon bemerkt, ein Defensivbündnis Deutschlands mit England zur Erhaltung des Weltfriedens abzuschließen gesucht[1]). Aber die Politik des „glänzenden Alleinstehens" ließ England freie Hand; es war noch nicht bereit, sie sich durch ein Bündnis fesseln zu lassen. Doch Bismarck ließ von dem Gedanken nicht ab, und während des Berliner Kongresses i. J. 1878 hat er mit Lord Beaconsfield eifrig über ein englisch-deutsches Bündnis verhandelt[2]). Erst als auch dies erfolglos blieb, hat er erneuten Anschluß an Rußland und Österreich-Ungarn gesucht. Die wenig deutschfreundliche Gesinnung Alexanders III. schien ihm, wie erörtert, keine ausreichende Sicherheit zu geben, und da geschah das Außerordentliche, als er auf dem Höhepunkt seines Ansehens und seiner Macht am 22. November 1887 an Lord Salisbury einen Privatbrief schrieb, in dem er ganz unzweideutig seine Auffassung von der Zweckmäßigkeit eines Bündnisses mit England zum Ausdruck brachte[3]). Auch dieser Schritt ist erfolglos geblieben. Nichts desto weniger hat Bismarck sieben Monate vor seinem Sturz in der preußischen Ministersitzung vom 17. August 1889 zur Danachachtung seiner Ministerkollegen erklärt, das ganze Ziel und Objekt der deutschen Politik seit zehn Jahren sei, England für den Dreibund zu gewinnen[4]).

Aber Bismarcks verschmähte Liebe zu England verwandelte sich nach seinem Sturz in leidenschaftlichen Haß[5]). Sein Nachfolger Caprivi

---

[1]) Siehe oben S. 20 Anmerkung 2.

[2]) Eckardtstein a. a. O. II, S. 103, 104.

[3]) Siehe Eckardtstein II, 281; Hammann, Der mißverstandne Bismarck, S. 20.

[4]) Siehe Freiherr Lucius von Ballhausen, Bismarck-Erinnerungen, Stuttgart und Berlin 1921, S. 500. — Eckardtstein I, 323.

[5]) Siehe auch in dem Briefe des früheren Deutschen Botschafters Fürsten Münster an den Freiherrn v. Eckardtstein vom 14. April 1898: „Ich weiß es ja, Bismarck hat von jeher ein Bündnis mit England haben wollen. Da er es aber nicht haben konnte, war er bei seinem cholerischen Temperament zeitweise sehr gegen England aufgebracht.

hat mit England einen Vertrag abgeschlossen, vermöge dessen Deutschland gewisse Rechte in Sansibar gegen Helgoland eintauschte. Wie die englische Regierung darob in England angegriffen wurde, so wurde Caprivi deshalb von den Alldeutschen und den in Folge der Herabsetzung der deutschen Agrarzölle ergrimmten Schutzzöllnern der Englandfreundlichkeit bezichtigt[1]). Da stellte sich der über seinen Sturz erboste Bismarck an die Spitze einer maßlosen Englandhetze, derselbe Bismarck, der sich noch 1889 über den Kolonialschwindel, der die deutsch-englischen Kreise störe, beklagt und wiederholt geäußert hatte, die Freundschaft Lord Salisburys sei ihm mehr als zwanzig Sumpfkolonien Afrikas[2]). Sein Sohn Herbert hat sich in der Hetze besonders hervorgetan[3]).

Diese Hetze hat für Deutschland die übelsten Folgen gehabt. Unter ihrem Einfluß ließ der Kaiser nicht nur Caprivi fallen; sie hat auch zum Scheitern einer Annäherung zwischen England und dem deutschen Reiche im Jahre 1895 geführt, aus der möglicher Weise ein Bündnis hätte hervorgehen können. Die deutschen und die englischen Berichte über das, was am 8. August 1895 in Cowes zwischen dem Kaiser und dem damaligen Premierminister Lord Salisbury sich abgespielt hat, sind nicht ganz übereinstimmend. Nach beiden[4]) ist der Ausgangspunkt eine deutsche Anregung gewesen, Italien, angesichts seiner Schwierigkeiten mit Abessinien, Erleichterungen und Unterstützungen im Roten Meere zukommen zu lassen. Lord Salisbury hatte darauf erwidert, daß er wegen der etwas gespannten Beziehungen Englands zu Frankreich die von Italien gewünschten Erleichterungen im Roten Meere nicht gewähren könne, ohne dabei den Argwohn Frankreichs zu erregen. Doch sei er gern bereit, als Beweis von Englands Wohlwollen für Italien dessen Ansprüche auf Albanien und Tripolis im Falle einer Zerstückelung

---

Dies zeigte sich ja auch noch bei seinen Hamburger Äußerungen der letzten Jahre." Eckardtstein I, 296; II, 116.

[1]) Über den Anteil des Kaisers an den für Deutschland nicht allzu günstigen Bedingungen des Vertrags siehe Eckardtstein II, 118.

[2]) Lucius von Ballhausen, S. 500.

[3]) Eckardtstein II, 118; 405.

[4]) Siehe Hammann, Der mißverstandne Bismarck, 43—45; Sir Valentine Chiroll, Exkaiser and England; The secret Cowes Interview; Salisbury and the truth in The Times vom 11. September 1920. Ferner Eckardtstein I, 212; II, 117, 118; III, 11—15, 134.

des ottomanischen Reichs anzuerkennen. Die deutsche Regierung nahm heftigen Anstoß an diesem Vorschlage, da er die dringendsten Bedürfnisse Italiens im Roten Meer nicht befriedige und überdies das prinzipielle Einverständnis zu einer Teilung des Ottomanischen Reichs in sich schlösse, ein Gedanke, der mit der Politik Deutschlands unvereinbar sei. Lord Salisbury soll darauf zum deutschen Botschafter gesagt haben, nach seiner Ansicht sei der Zeitpunkt gekommen, wo es erwünscht erscheine, daß sich die Mächte in Freundschaft über die Teilung des Ottomanischen Reichs untereinander verständigten. Auf Weisung aus Berlin machte der deutsche Botschafter den englischen Premier darauf aufmerksam, daß Deutschland keine Verschärfung des Gegensatzes seiner beiden Verbündeten in der Adria wünschen und daß durch Aufrollen von Balkanfragen die deutsch-russische Freundschaft leicht gefährdet werden könne. Salisbury erwiderte, daß er bereit wäre, Rußland einen reichlichen Teil an der türkischen Verlassenschaft zu gewähren. Aber in der Wilhelmstraße übte der Geheime Rat von Holstein eine tyrannische Herrschaft. Seine fixe Idee war, daß England einzig darauf aus sei, andere die Kastanien aus dem Feuer holen zu lassen, was jede vorurteilslose Prüfung konkreter englischer Vorschläge ausschloß. Es wurde dem deutschen Botschafter untersagt, sich auf weitere Diskussionen der Frage mit Salisbury einzulassen, dagegen dem auf der Reise zu den Regatten in Cowes befindlichen Kaiser die Korrespondenz zwischen dem Auswärtigen Amt und dem deutschen Botschafter nachgesandt und ihm mitgeteilt, daß Lord Salisbury ihn dort aufsuchen werde. Dies geschah. Nach der Darstellung des Herrn von Eckardtstein hat der Kaiser den englischen Premier, der wegen eines Schiffsdefekts eine Stunde zu spät eintraf, rauh empfangen[1]) und, als Salisbury die Aufteilung des Ottomanischen Reichs berührte, hat der Sultan Abdul Hamid und das von ihm veranstaltete armenische Gemetzel im Kaiser einen energischen Verteidiger gefunden. Salisbury sei dann, ohne die Besprechung fortzusetzen, direkt nach London zurückgekehrt. Von dieser Darstellung weicht der englische Bericht insofern ab, als er bestreitet[2]), daß Salisbury 1895 die Teilung der Türkei vorgeschlagen habe. Angesichts der Haltung der deutschen Politik zur Türkei, kann

[1]) Eckardtstein I, 212.

[2]) The Times vom 9. September 1920, A Retrospect.

aber der Vorschlag nur von Salisbury ausgegangen sein, der damals auch in öffentlichen Reden von dem unaufhaltsamen Verfall der Türkei gesprochen hat, den Wilhelm II. aufhalten zu können glaubte. Es ist daher angesichts der brüsken Haltung, die der Kaiser gegen Salisbury einnahm, verständlich, wenn dieser später wiederholt geäußert haben soll, „er sei kein Minister du roi de Prusse"; unverständlich ist es aber, wenn er seinem Privatsekretär Sir Jan Malcom gesagt hat, „es empfehle sich in Zukunft eine dritte Person bei Gesprächen mit dem Kaiser zugegen zu haben, da er die Gewohnheit zu besitzen scheine, seine eigenen Worte in den Mund anderer mit ihm verhandelnden Persönlichkeiten zu legen". Weder Salisbury noch das britische Auswärtige Amt haben veröffentlicht, wie sich die Unterredung wirklich abgespielt habe. Nur Eines ist sicher, es ist als Ergebnis derselben eine dauernde Feindschaft Salisburys gegen Deutschland geblieben.

Diese Feindschaft bereitete den englischen Ministern Schwierigkeiten, die trotz der Verstimmung, die das Kaisertelegramm an Krüger in England hervorgerufen hatte, ein Bündnis Englands mit Deutschland herbeiführen wollten. Sie hatten zunächst stets Salisburys Widerwillen zu überwinden. Der erste dieser Fälle war der gleichfalls durch die Englandhetze gescheiterte Versuch Joseph Chamberlains i. J. 1898. In öffentlicher Rede hat Chamberlain damals Deutschland ein Bündnis angeboten[1]). Als diese Rede in Deutschland bekannt wurde, erhob sich in der schutzzöllnerischen und alldeutschen Presse und bei den entsprechenden Parteien im Reichstag ein Sturm der Entrüstung. Man hatte sich in Deutschland von einem seinem Gerechtigkeitsgefühl mehr als seiner politischen Einsicht Ehre machenden Zorne ob der englischen Vergewaltigung der Buren hinreißen lassen. Unter dem Einfluß dieser Hetze, vor allem aber unter dem des eben genannten, von einem an Irrsinn grenzenden Englandshaß befangenen Barons Holstein haben Graf Bülow und der Kaiser Chamberlains Bündnisangebot abgelehnt. Das hat Chamberlain um so mehr verletzt, da Bülow ihn zu der Rede ermuntert hatte, als er kurz vorher mit dem Kaiser in England gewesen und Chamberlain ihm von seiner Absicht, die Rede zu halten, gesprochen hatte. Im übrigen England aber entstand die Vorstellung, die Zurück-

---

[1]) Siehe Hammann, Der mißverstandne Bismarck, 64, 79—88. — Eckardtstein, II, 106, 114ff., 272ff., 375ff.

weisung habe ihre Ursache in dem deutschen Flottenbau, für den der Kaiser damals in aufregenden Reden zu agitieren begann, und dieser Flottenbau habe den Zweck, an die Stelle der englischen Seeherrschaft die deutsche zu setzen. Die Engländer konnten unmöglich zum Bewußtsein kommen, daß der deutsche Flottenbau die notwendige Folge der von ihnen verweigerten Freiheit der Meere sei, wenn der Kaiser 1897 in die Welt hineinschrie: „Der Dreizack gehört in unsere Faust" und Bülows Rede bei Empfehlung einer Flottenvorlage im Reichstag mußte die Vorstellung erwecken, Deutschland baue eine Flotte, um England niederzuhämmern[1]). Auch hat Bülow seitdem zugestanden[2]), daß er das Bündnis ablehnte, weil er befürchtete, daß Deutschland dadurch in der Vergrößerung seiner Flotte behindert werde.

Nicht als ob der Kaiser trotz seiner schwertrasselnden Reden den Krieg gewollt hätte. Alle, die ihm persönlich näher getreten sind, — auch englische Minister, wie Lord Haldane, — stellen dies in Abrede[3]). Er glaubte nur auf bessere Weise wie Bismarck den Frieden sichern zu können. Wir wissen ja auch aus dem nur erst vor wenigen Monaten zugänglich gewordenen dritten Bande der Gedanken und Erinnerungen Bismarcks[4]), daß es nicht seine Differenz in der Arbeiterschutzfrage gewesen ist, was zur Entlassung des unvergleichlichen Virtuosen auf dem Gebiete der auswärtigen Politik geführt hat. Bismarck erklärt darin ausdrücklich, daß die Arbeiterfrage für ihn keine Kabinettsfrage gewesen wäre. Er wurde entlassen, weil der Kaiser die auswärtige Politik selbst leiten wollte, und nahm zum Vorwand, daß Bismarck ihm unerhebliche Depeschen nicht mitgeteilt hatte. Wilhelm II. gab

---

[1]) „In dem kommenden Jahrhundert wird das deutsche Volk — d. h. Deutschland als Reich — entweder Hammer oder Amboß sein."

[2]) Fürst von Bülow, Deutsche Politik, S. 28.

[3]) Man vgl. auch die Artikel von Maximilian Harden in der „Zukunft" vom 5. und 19. August 1911. Daselbst u. a. eine kleine Zusammenstellung höhnender Aussprüche über Wilhelms II. Friedensliebe. Da ist der Ausspruch Eduards VII: „Wilhelm befiehlt niemals die Mobilmachung seines Heeres." Clemenceau höhnt: „Guillaume est un pacifiste" usw. Umgekehrt hat ihn Carnegie gepriesen, weil er an der Spitze des mächtigsten Heeres 26 Jahre den Frieden gewahrt habe.

[4]) Fürst Otto von Bismarck, Erinnerung und Gedanke. Stuttgart und Berlin 1919. Siehe das Protokoll der Ministersitzung vom 17. März 1890 auf S. 163ff.

nachdem er Helgoland eingetauscht hatte, seine zuerst England freundliche Politik auf und wandte sich unter dem Einfluß der, wie erzählt, folgenden Englandhetze Rußland zu. Statt wie Bismarck bis unmittelbar vor seinem Sturze im Bündnis mit England, glaubte er durch ein solches mit Rußland, in einer mit seinen Seegewaltsträumen[1]), besser zu vereinenden Weise den Frieden sichern zu können. Ja, er glaubte, wie wir noch sehen werden, sogar Frankreich durch das ihm verbündete Rußland zu einem den Frieden sichernden Bündnis mit Deutschland gegen England bewegen zu können! Wahrlich nichts Erschütternderes, als wenn wir auf Grund der Mitteilungen der Bismarckschen Familie lesen[2]), wie der große Kanzler noch in den letzten Stunden seines Lebens von Angst ob der Prestigepolitik des Kaisers geplagt war. „Der Sterbende rief in einem fort um Hilfe, Hilfe! In seinen Phantasien nannte er Serbien, England, die Türkei, Rußland. Dann rief er wieder: Aber ach, Deutschland, Deutschland, Deutschland!'

Es gibt für einen Deutschen nichts Demütigenderes als die Briefe und Telegramme, die Wilhelm II. seit dem Regierungsantritt von Nikolaus II. bis zum Ausbruch des Weltkrieges an seinen geliebten Freund und Vetter Nicky gerichtet hat, in denen er um ein Bündnis mit Rußland gegen England wirbt. Zu einer Zeit, da er durch seine Redensarten von der gepanzerten Faust die ganze Welt in Unruhe versetzte, erscheint der deutsche Kaiser darin als ein durch die 1892 abgeschlossene russisch-französische Militärkonvention in Angst versetzter, den Zaren umschleichender Intrigant. Wüßte man's nicht anders, so müßte man danach glauben, Nikolaus II. sei ein Herrscher von überlegenem Geiste gewesen. Um ihn zum gewünschten Bündnis zu bewegen, hetzt Wilhelm fortwährend gegen England, dessen asiatische Interessen mit den russischen im bekannten Gegensatz standen, desgleichen gegen das mit England verbündete Japan. Um Rußland von seinen Balkan-

---

[1]) Am 16. Dezember 1897 verließ Prinz Heinrich mit zwei Kreuzern die Kieler Reede auf der Ausreise nach Ostasien. Bei dem ihm zu Ehren gegebenen Abschiedsmahl sagte der Kaiser: „Reichsgewalt heißt Seegewalt" und forderte den Prinzen auf, „mit gepanzerter Faust dreinzufahren", falls es irgend jemand unternehmen sollte, uns an unserem guten Rechte zu kränken oder zu schädigen." Die Rede hat in England unliebsames Aufsehen erregt.

[2]) Siehe Otto Hammann, Der mißverstandne Bismarck, S. 62.

plänen abzulenken, verweist er es auf die Mandschurei und Korea. Gegen Japan rührt er die christliche Trommel. Doch hindert ihn sein Christentum nicht, den Zaren aufzufordern, sich der Mohammedaner gegen das Vorgehen der Engländer zugunsten der Christen auf Kreta anzunehmen[1]). Außerdem denunziert er England als Zufluchtsstätte der vom Zaren besonders gefürchteten Sozialisten und Anarchisten, weil es sich von den reaktionären Abmachungen verschiedener Staaten zu deren Verfolgung fernhielt[2]). Als Chamberlain 1898 mit seinem erwähnten Bündnisangebot an Deutschland herantritt, scheut er sich nicht, dies dem Zaren zu schreiben, nicht jedoch ohne trotz seiner innigen Freundschaft hinzuzufügen[3]): „Nun bitte ich Dich, als meinen alten und vertrauten Freund, mir zu sagen, was Du mir bieten kannst und tun willst, wenn ich ablehne." Was der Zar geantwortet hat, wissen wir nicht. Wahrscheinlich hat er nichts geboten, was ja auch nach der das englische Bündnis ablehnenden Rede Bülows im Reichstag unnötig war. Aber wir wissen, daß der russische Minister des Auswärtigen, Graf Murawiew, damals durch die Zeitungen „Nowoje Wremjia" und „Grashdanin" den Kaiser des Versuchs zieh, zwischen Rußland und Frankreich einen Keil zu treiben[4]).

Doch es sollten sich für Deutschland noch weitere Gelegenheiten bieten, durch einen Bund mit England den Weltfrieden zu sichern. Die Voraussetzung wäre nur gewesen ein klares, ehrliches, festes Wollen. Aber der Kaiser jagte einerseits dem Phantom nach, die Liebe des längst zu Frankreich übergegangenen Rußlands nicht nur wiederzugewinnen, sondern mit dessen Hilfe sogar Frankreich zu einem Bund zu vermögen, um Englands Seeherrschaft zu brechen, andererseits wollte er gleichzeitig ohne England nicht leben. Er hat dadurch nur allgemeines Mißtrauen gegen Deutschland erregt und es dem Spotte der Russen und Franzosen preisgegeben und England sich zum Feind gemacht.

Das am 16. Oktober 1900 zwischen England und Deutschland abgeschlossene „Yangtse-Abkommen" hätte der Ausgangspunkt zu einem allgemeinen Bündnis zur Wahrnehmung beiderseitiger Interessen werden

---

[1]) Briefe, S. 61.

[2]) Siehe Briefe S. 227; vgl. dazu Russische Geheimdokumente, S. 14, 207, 359.

[3]) Briefe, S. 53.

[4]) Siehe W. Götz, Briefe Wilhelms II., S. 63.

können. England hat darin die bevorrechtete Stellung, die es bis dahin im Yangtse-Gebiet beansprucht hatte, aufgegeben. „Beide Regierungen verpflichteten sich gleichzeitig, daß im Yangtsebecken der Handel und jede sonst erlaubte wirtschaftliche Tätigkeit für die Angehörigen aller Nationen frei und offen bleiben sollten. Nicht nur im Yangtsebecken, in allen chinesischen Gebieten, wo sie einen Einfluß üben könnten, wollten beide Regierungen den Grundsatz der offenen Tür beobachten. Ferner versprachen sie sich gegenseitig, den Territorialbesitz des chinesischen Reiches unvermindert zu erhalten, und wenn dritte Mächte territoriale Vorrechte erlangten, sich über etwaige Schritte vorher zu verständigen[1])." Die anderen Mächte traten dem Abkommen bei, auch Rußland, gegen das es sich richtete.

Diese deutsch-englische Verständigung war sehr gegen den Geschmack der Alldeutschen, die, wie Hammann treffend bemerkt[2]), alles, was gemeinsam mit England geschah, schlecht, alles, was mit Rußland geschah, gut fanden. Auch ergriff zu ihrer Beschwichtigung Bülow die erste Gelegenheit im Reichstag, um unter starken Lobsprüchen auf den Zaren zu versichern: „Wir denken nicht daran, für irgendeine andere Macht den Blitzableiter abzugeben." Das klang nicht ermunternd für die englischen Minister, die für ein Bündnis mit Deutschland waren. Indes war die internationale Lage so, daß der Herzog von Devonshire und Joseph Chamberlain es für angezeigt hielten, sowohl die Ablehnung des Angebots von 1898 als auch andere Unliebenswürdigkeiten des Berliner Auswärtigen Amtes zu vergessen. Noch dauerte der Burenkrieg; Delcassé hatte Faschoda noch nicht vergessen; er hatte sogar zusammen mit Rußland den Vorschlag gemacht, zugunsten der Buren gegen England einzuschreiten. Dazu kamen die Differenzen mit Rußland und den Vereinigten Staaten in China und mit Rußland in Persien. Da traten die genannten englischen Minister an die deutsche Botschaft in London mit einem nochmaligen Bündnisangebot heran. Am 16. Januar 1901 haben sie die folgende Erklärung formuliert[3]): „Die Zeit des glänzenden „Alleinstehens" ist für England vorüber. England ist gewillt, sämtliche noch offenen Fragen in der Weltpolitik, vor allem die

[1]) Hammann, Der mißverstandne Bismarck, S. 78, 79.
[2]) Ebenda S. 79.
[3]) Siehe Eckardtstein II, 236; mit ihm wurden die Verhandlungen geführt; und Hammann, a. a. O., S. 81 ff.

marokkanische und ostasiatische, gemeinsam mit der einen oder anderen der zur Zeit bestehenden Völkergruppen zu lösen. Wohl werden bereits innerhalb des Kabinetts Stimmen laut, welche einen Anschluß Englands an den Zweibund (Frankreich und Rußland) befürworten. Wir gehören aber zu denjenigen, welche einen Anschluß an Deutschland, bzw. den Dreibund, vorziehen würden. Sollte es sich aber herausstellen, daß ein Anschluß an Deutschland nicht möglich ist, so würden auch wir ein Zusammengehen mit Frankreich und Rußland selbst unter den schwersten Opfern wie z. B. von Marokko und Persien, China usw. ins Auge fassen." Nach dem Plan, wie er, wenn es zum deutsch-englischen Bündnisse käme, entworfen wurde, sollte England Tanger besetzen und die Kontrolle der ganzen Mittelmeerküste Marokkos mitAusnahme der spanischen Besitzungen übernehmen. Deutschland sollte sich Handels- und Kohlenstationen an der atlantischen Küste aussuchen, z. B. Casablanca, Mogador und Rabât. Es sollte dann mit einer gemeinsamen friedlichen, wenn nötig auch kriegerischen Durchdringung Marokkos begonnen werden, und schließlich sollte eine endgültige Teilung des marokkanischen Reiches zwischen England und Deutschland stattfinden.

Die Erklärung wurde sofort an Bülow und noch besonders an Holstein telegraphiert[1]). Aber in Deutschland dauerte noch immer die Englandhetze in unverminderter Stärke. Bülow hatte Sorge, wie er einen Bündnisvertrag mit England, der den Parlamenten vorgelegt werden solle, im Reichstag durchbringen werde; auch fürchtete er, daß England eine Ausdehnung des Bündnisses auf die Verteidigung Indiens gegen Rußland verlangen werde, und Holstein glaubte, England in seiner Zwangslage werde Deutschland noch besser kommen; er empfahl der deutschen Botschaft in London gegenüber der neuen Anregung Chamberlains eine freundlich abwartende Haltung. Die Drohung mit Englands Beitritt zum russisch-französischen Zweibund hielt er für Schwindel und Bluff[2]).

Da erkrankte die Königin Victoria. Der Kaiser eilte an das Sterbelager seiner Großmutter. Vom Auswärtigen Amt war ihm dringend

---

[1]) Siehe die Depeschen und die erläuternden Briefe bei Eckardtstein II, 238 ff.; dazu 359.

[2]) Hammann, Der mißverstandne Bismarck, S. 82.

geraten worden, er möge von dem neuen Bündnisangebot, das ihn hoch erfreut hatte, mit den englischen Ministern nicht sprechen, um sich nicht in der einen oder anderen Form festzulegen. Er solle so tun, als ob er davon nichts wisse; und diesem Rate ist er gefolgt[1]). Aber auch ohne daß von Devonshires und Chamberlains Angebot die Rede war, führte die Reise zum herzlichsten Einvernehmen Wilhelms mit England. Er wurde nicht nur von seinem Onkel, dem neuen König, aufs wärmste empfangen; sein spontanes Herbeieilen an das Krankenbett der Königin, zumal in einer Zeit, da ganz Europa gegen England war, ist ihm von der gesamten öffentlichen Meinung Englands hoch angerechnet worden. Dabei war bekannt, daß Rußlands Aufforderung, zusammen mit den Franzosen gegen England zugunsten der Buren einzuschreiten, von ihm abgelehnt worden war. Der deutsche Kaiser war damals die populärste Persönlichkeit in England. Als er nach dreiwöchigem Aufenthalt in England nach Deutschland zurückkehrte, geschah dies unter großen Ovationen einer vieltausendköpfigen Menge. Wilhelm war selig[2]). Aber noch während der Kaiser in England war, traten Ereignisse ein, die das herzliche Einvernehmen stören sollten. Diesmal lagen die Ursachen aber nicht an ihm, sondern an seinem Auswärtigen Amt. Die Russen kehrten sich nicht an das Yangtseabkommen, dem sie beigetreten waren. Die englische Regierung schlug der deutschen vor, auf Grund des Yangtsevertrags dagegen gemeinsame Vorstellungen in Petersburg zu erheben. Der Kaiser, unter den günstigen Eindrücken seines Londoner Aufenthaltes, tat den richtigen Ausspruch: „Ich kann doch nicht immerzu zwischen Russen und Engländern schwanken, ohne die Gefahr, mich schließlich zwischen zwei Stühle zu setzen.“ Er war geneigt, den englischen Wunsch zu erfüllen[3]). Aber er hatte nicht an Herrn von Holstein, an die russenfreundlichen Alldeutschen und

---

[1]) Eckardtstein II, 254.

[2]) Eckardtstein II, 259. Siehe auch W. S. Blunt, My Diaries. Part II. London 1920, S. 3: „Der neue Held in England ist im Augenblick Kaiser Wilhelm, den alle vor vier Jahren herunter machten und verlachten und dessen Stiefel unser Volk heute leckt... Wilhelm ist zum britischen Feldmarschall ernannt worden! Und ich glaube wirklich, daß unser Volk ihm die englische Krone anbieten würde, wenn er einen Wunsch danach äußerte.“

[3]) Hammann a. a. O. S. 83

seinen vor beiden sich fürchtenden Reichskanzler gedacht. Das Auswärtige Amt machte in London geltend, daß der deutsch-englische Yangtsevertrag keine Verpflichtungen in bezug auf die Mandschurei enthielt[1]), in der die Russen die Unversehrtheit Chinas verletzt hatten. Darauf schlugen Londoner Blätter Lärm, und nun antwortete Bülow am 15. März 1901 im Reichstag: „Ich betone mit großem Nachdruck, daß wir in China nur deutsche Interessen wahrnehmen und es den Engländern überlassen, ihre Interessen dort selbst zu vertreten". Das war ungewöhnlich schroff gegenüber einer Macht, die wenige Wochen vorher ein Bündnis angeboten hatte. Wenige Tage darauf erklärte Bülow im Reichstag, daß der russische Minister des Auswärtigen dem deutschen Botschafter in Petersburg seine Genugtuung über diese seine Äußerungen ausgedrückt habe, eine Zensur, die charakteristischerweise das Selbstgefühl der Alldeutschen nicht verletzt hat; dagegen waren die amtlichen Kreise und die öffentliche Meinung in England tief verstimmt[2]).

Diese Verstimmung hatte schon alsbald nach der Abreise des Kaisers begonnen. Grund war die Deutung, welche Bülow dem Yangtsevertrag gegenüber England und dem Kaiser selbst gab; sie war durch verschiedene Quängeleien wegen des Rücktransportes der deutschen Truppen, der Erhöhung der chinesischen Seezölle und der Schadenersatzansprüche einiger deutscher Firmen in Transvaal gesteigert worden, besonders aber durch eine russenfreundliche Rede, die der Kaiser am 28. März 1901 auf einem Feste des Kaiser-Alexander-Regiments gehalten hatte. Arthur Balfour, der damalige Leiter des Unterhauses, und einige andere englische Minister äußerten, auf den Kaiser und die Politik Bülows sei schließlich doch kein Verlaß, denn immer wieder verfielen beide in ihre alten Liebäugeleien mit Rußland[3]). Das wurde wiederum dem Kaiser berichtet. Der hatte darob eine gereizte Aussprache mit dem englischen Botschafter in Berlin, die dann wieder mit der wärmsten Freundschaftsversicherung Wilhelms für England endete. Außerdem schrieb der Kaiser noch einen seine Rede entschuldigenden Brief an seinen Onkel, die dieser mit einem „qui s'excuse s'accuse" entgegennahm, gleichwie er die

[1]) Ebenda S. 85.
[2]) Ebenda S. 84, 85.
[3]) Eckardtstein II, 294, siehe auch 333, 334, 337.

Freundschaftsversicherungen seines Neffen mit einem „Ich hoffe, daß dem so ist“ beantwortete. Die Verstimmung König Eduards steigerte sich, als er zum Schluß des Briefes kam, an dem der Kaiser die Minister seines Onkels „unmitigated noodles“ (unverfälschte Einfaltspinsel) genannt hatte[1]).

Die tiefe, durch diesen Brief hervorgerufene Verstimmung des Königs verging. Aber er hinterließ doch für die Beständigkeit einer deutsch-englischen Freundschaft wenig günstige Eindrücke. Immerhin standen Englands Interessen mit dem, was Rußland und Frankreich in Asien und das letztere in Ägypten und Marokko erstrebten, so sehr im Gegensatz, daß es den Freunden des Allianzgedankens im englischen Kabinett, dem Marquis Lansdowne, dem Herzog von Devonshire und Joseph Chamberlain, geraten schien, trotz aller bisherigen Enttäuschungen sich auf weitere Verständigungsversuche mit Deutschland einzulassen; auch der König war im März und April 1901 noch für ein Bündnis mit Deutschland[2]). Es gelang ihnen sogar Lord Salisbury zur Zustimmung zu einem Bündnis zu bringen, das ganz auf Verteidigungszwecke und zwar nur bei einem Angriff durch zwei Gegner beschränkt wäre[3]). Schon durch diese Beschränkung des Bündnisses auf den Fall eines Doppelangriffes, noch

---

[1]) Siehe darüber Eckardtstein II, 298. Nach ihm sagte der König: „Was würde der Kaiser wohl dazu sagen, wenn ich mir erlaubte, seine Minister mit ähnlichen freundlichen Ausdrücken zu titulieren? Wie Sie seit Jahren wissen, habe ich stets die größten Sympathien für Deutschland gehabt, und tatsächlich bin ich auch heute noch der Ansicht, daß England und Deutschland die natürlichsten Bundesgenossen wären. Zusammen könnten sie die Weltpolizei ausüben und den allgemeinen Weltfrieden dauernd erhalten. Gewiß braucht Deutschland Kolonien und wirtschaftliche Ausdehnung. Beides könnte es ja auch zur Genüge haben, denn für England und Deutschland ist genug Platz in der Welt. Die fortwährenden ‚Bocksprünge‘ des Kaisers können wir aber nicht mitmachen. Außerdem besteht auch, wie Sie selbst wissen, bei einigen meiner Minister das größte Mißtrauen gegen den Kaiser und Bülow, vor allem bei Lord Salisbury. Ich selbst war stets bemüht, dieses Mißtrauen zu zerstreuen, schließlich hat aber alles sein Ende. Aber auch die Beschimpfungen und Drohungen, mit denen uns der deutsche Flottenverein und seine Organe fortwährend bedenken, tragen nicht gerade dazu bei, unser Mißtrauen zu beseitigen.“

[2]) Eckardtstein II, 379.

[3]) Hammann, Der mißverstandne Bismarck, S. 85.

mehr aber durch den Vorschlag, den Graf Hayashi, der Botschafter der vom deutschen Kaiser so viel geschmähten Japaner, von Mitte bis Ende Mai 1901 eifrigst betrieb[1]), mußte die von Baron Holstein geltend gemachte Gefahr, daß Deutschland durch ein Bündnis mit England zur Verteidigung Indiens genötigt werden könne, auf ein Mindestmaß herabgedrückt werden[2]). Hayashi trat nämlich für ein Bündnis ein, das Deutschland, den ganzen Dreibund, England und Japan umfassen sollte. Auch dazu war England bereit, ein deutlicher Beweis, wie ernst es seine Lage empfand, aus der es sei es durch ein Bündnis mit Deutschland, sei es mit Rußland und Frankreich herauskommen wollte. Aber Holstein hielt zäh an seiner Idee fest, daß die Drohung mit letzterem nur Bluff sei[3]). Er erkannte zwar, daß der Fünfbund Vorteile böte. Aber er glaubte Bedingungen stellen zu können, auf die sich England nicht einließ. Er begnügte sich nicht damit, daß Graf Goluchowski im Namen der österreichisch-ungarischen Monarchie den Plan als einzige Sicherung des Weltfriedens willkommen geheißen[4]), er steifte sich darauf, daß die Verhandlungen in Wien geführt würden und Deutschland dem dort vereinbarten dann beiträte[5]); diesen Umweg lehnte Salisbury, der eine Abneigung hatte, Staaten mit slawischer und lateinischer Bevölkerung anzuschließen, ab; auch war Lansdowne der Meinung, daß auch die Möglichkeit eines Zerfalls der Donaumonarchie nach dem Tode Kaiser Franz Josefs geprüft werden müsse[6]), worüber in Wien nicht zu verhandeln gewesen wäre. Aber Holstein blieb eigensinnig dabei, daß Österreich-Ungarn die Unterhändlerrolle übernehmen solle und England sich verpflichten müsse, den Bündnisfall nicht nur bei Doppelangriff auf Deutschland für gegeben zu erachten, sondern auch dann, wenn Deutschland genötigt sei, einem seiner Bundesgenossen zu Hilfe zu kommen. Damit „verbaute er sich selbst den Weg dazu, im Verhältnis zu der Weltmacht England eine neue Weichen-

---

1) Eckardtstein II, 285, 339 u. a. a. O.

2) Siehe Hammann a. a. O. S. 86 und Holstein selbst bei Eckardtstein II, 345, 346.

3) Hammann a. a. O., S. 86.

4) Eckardtstein II, 287.

5) Hammann a. a. O., S. 87.

6) Ebenda S. 87.

stellung der deutschen Politik vorzunehmen[1])". Als Sir Arthur Nicolson, später einer der erbittertsten Gegner Deutschlands, im Juli 1901 im Auftrage Lansdownes Deutschland nochmals weitgehende Anerbietungen machte, um es zu gemeinsamem Vorgehen gegen die fortgesetzten Intrigen und Übergriffe der Franzosen in Marokko zu bewegen, hat Eckardtstein, der darüber nach Berlin telegraphierte, überhaupt keine Antwort erhalten[2]).

Auf ausdrücklichen Wunsch des Fürsten Bülow hat der englische Botschafter in Berlin von sich aus dem Kaiser von diesem auf einen Fünferbund abzielenden Bündnisverhandlungen niemals gesprochen[3]). Aber auch das Auswärtige Amt in Berlin hat sie ihm vorenthalten. Als der Freiherr von Eckardtstein sich im November 1901 in Berlin persönlich nach den Aussichten eines deutsch-englischen-japanischen Bündnisses erkundigte, antwortete ihm der Staatssekretär von Richthofen: „Der Kaiser weiß von der ganzen Sache überhaupt nichts. Was wir aber wissen, ist, daß der Kaiser mehr als je eine ausgesprochene persönliche Abneigung gegen die gelbe Rasse besitzt und auf ein Bündnis mit Japan unter keinen Umständen eingehen würde. Was die Aussichten auf ein Bündnis mit England betrifft, so können wir auch dies jetzt in den Rauchfang schreiben, denn Holstein weiß überhaupt nicht mehr, was er will, und der Reichskanzler ist von Anfang an im Grunde seines Herzens dagegen gewesen[4])."

Also dem Kaiser, der mit seinem großen Kanzler gebrochen hatte, weil dieser ihm unerhebliche Depeschen nicht mitgeteilt hatte, haben Holstein und Bülow Verhandlungen vorenthalten, über deren Bedeutung kein Wort zu verlieren ist. Daß der Kaiser von den Bündnisverhandlungen von 1901 vor dem 26. Februar 1902 nichts erfahren hat[5]), war durch

[1]) Hammann a. a. O., S. 87.
[2]) Eckardtstein II, 358.
[3]) Ebenda II, 373, Anmerkung.
[4]) Eckardtstein II, 361.
[5]) Eckardtstein II, 383. Als der Kaiser davon erfuhr, war er sehr aufgeregt, doch gelang es Bülow, ihn zu beschwichtigen; in welcher Weise, zeigt die Bemerkung in den „Vergleichenden Geschichtstabellen von 1878 bis zum Kriegsausbruch 1914" von Wilhelm II., Leipzig 1921, S. 28, Rubrik Deutschland: „März bis Mai. Englischer Bündnisvorschlag scheitert an Dreibundtreue Deutschlands, da England Zuziehung der anderen Dreibundstaaten ablehnt"!!

den englischen Botschafter in Berlin im Juni 1901 dem Herzog von Devonshire schon bekannt geworden, der daraus den Schluß gezogen hat, daß Bülow von Anfang an ein Bündnis mit England nicht ernsthaft gewollt habe[1]). Von da an stand für Eduard VII. fest, daß mit dem Kaiser und seinem Minister überhaupt keine Politik zu treiben sei. Er wandte sich zu der zweiten von Devonshire und Chamberlain am 16. Januar 1901 genannten Alternative, zum Anschluß Englands an den Zweibund, an Frankreich und Rußland. Was Holstein für Bluff erklärt hatte, wurde Wirklichkeit. Es begann die Einkreisungspolitik Eduards VII.[2]).

5. Zunächst wurde mit Frankreich verhandelt. Die Verhandlungen kamen ins Rollen mit dem Frühstück König Eduards mit Delcassé im Frühjahr 1903. Noch war die Verstimmung Frankreichs gegen England wegen Faschoda nicht beseitigt. Auch hatte England den Vertrag, den Frankreich im September 1902 mit Spanien über die Teilung Marokkos geschlossen hatte, noch zum Scheitern gebracht[3]). Aber alle Verstimmungen Frankreichs ob der englischen Politik hörten nach jenem Frühstück auf. England schloß am 8. April 1904 mit Frankreich eine Reihe von Sonderabkommen, durch welche die zahlreichen zwischen ihm und Frankreich in verschiedenen Teilen der Welt bestehenden Ursachen zu Reibungen beseitigt wurden. Das wichtigste darunter war das, worin England seinen Einspruch gegen das von Frankreich erstrebte Protektorat über Marokko aufgab, wofür Frankreich sich verpflichtete, die englische Stellung in Ägypten nicht weiter untergraben zu wollen und dem englischen Handel die Aufrechthaltung der offenen Tür in Marokko für die Dauer von dreißig Jahren versprach. Nun schwand alle Verstimmung Frankreichs wegen Faschodas. Der Weg zur Entente cordiale zwischen England und Frankreich gegen Deutschland war frei.

Als dieser Vertrag veröffentlicht wurde und die Alldeutschen in ihrer Presse und im Reichstag dagegen zu zetern begannen, hat Bülow erklärt, es sei kein Grund für Deutschland, die englisch-französische Verständigung über Marokko mit unfreundlichen Augen anzusehen,

---

[1]) Eckardtstein II, 301.
[2]) Eckardtstein II, 376ff.
[3]) Siehe für den Beginn der Entente zwischen England und Frankreich in Marokko und den weiteren Verlauf der Marokkofrage das dritte Kapitel meiner Schrift: Der Weltkrieg und E. D. Morel. München 1921.

und bei dieser Auffassung ist er auch noch geblieben, als ein am 6. Oktober 1904 zwischen Frankreich und Spanien über Marokko abgeschlossener Vertrag veröffentlicht wurde. Auch war ja darin nur gesagt, daß Spanien von der französisch-englischen Verständigung vom 8. April Mitteilung gemacht worden sei, daß es dieser beigetreten sei und daß beide Mächte „streng festhielten an der Unversehrtheit des marokkanischen Reichs unter der Souveränität des Sultans".

Aber die freundliche Haltung Bülows sollte sehr bald sich ändern. Wenige Tage nach Veröffentlichung des französisch-spanischen Vertrags brachte Reuters Agentur die Mitteilung, jede Einzelheit des französisch-spanischen Vertrags sei der britischen Regierung mitgeteilt worden, auch die geheimen Klauseln, welche nicht veröffentlicht würden. Also es gab außer dem veröffentlichten auch noch geheime Abmachungen zwischen den drei Staaten. Danach war klar, daß Deutschland bei der Regelung der Marokkofrage, an der es gleichfalls interessiert war, übergangen werden sollte. Die deutsche Regierung fühlte sich dadurch gekränkt. Am 3. Juli 1900 hatte der Kaiser in öffentlicher Rede beansprucht, daß „ohne Deutschland und ohne den Deutschen Kaiser keine große Entscheidung mehr fallen dürfe". Man habe nicht gesiegt und geblutet, „um sich bei großen gewaltigen Entscheidungen beiseite schieben zu lassen. Wenn es sein müsse, seien auch die schärfsten Mittel anzuwenden." Und nun war Deutschland ostensibel beiseite geschoben. Da wurde Bülow energisch. Er ließ erklären, daß Deutschland sich durch das französisch-englische Abkommen, das ihm amtlich auch gar nicht mitgeteilt worden sei, nicht gebunden fühle, und nun mußte der Kaiser persönlich herhalten, um Deutschland für die Demütigung zu rächen, die ihm infolge von Holsteins und Bülows Zurückweisen des Bündnisses mit England zu werden drohte. Bülow vermochte den Kaiser, sehr gegen seinen Willen, selbst nach Marokko zu fahren, wo er am 31. März 1905 in Tanger in einer Ansprache an den Oheim des Sultans demonstrativ betonte, daß Deutschland den Sultan „als völlig freien Souverän" betrachte; sein Besuch habe den Zweck, kund zu tun, daß Deutschland entschlossen sei, mit seiner ganzen Macht Deutschlands Interessen in Marokko zu schützen. Außerdem ermahnte er den Sultan, mit Reformen „mit großer Vorsicht" vorzugehen und auf die religiösen Gefühle der Bevölkerung Rücksicht zu nehmen, so daß die öffentliche Ordnung keinen Augenblick infolge dieser Reformen gestört werde. Das deutsche Auswärtige Amt aber verlangte eine internationale Konferenz zur Regelung der Marokkofrage, auf der dann auch Deutschland mitzusprechen Gelegenheit hätte. Mit dieser Forderung fand es den Beifall des den ihm von Frankreich aufgedrängten Reformen widerstrebenden Sultans. Die Franzosen und Engländer aber wollten von einer internationalen Konferenz nichts wissen; sie erklärten, daß die Marokkofrage durch den englisch-französischen Vertrag vom 8. April 1904 endgültig geregelt sei.

Dieses Auftreten des Kaisers war eine Fanfare. Der europäische Krieg schien in greifbare Nähe gerückt. Da wurde das französische Kabinett unruhig. Delcassé hatte den Feldzug gegen Deutschland ohne Wissen der übrigen Kabinettsmitglieder, selbst des Kolonial- und des Marineministers, geführt. Als Frankreich am 6. Juni 1905 plötzlich durch den Ministerpräsidenten Rouvier erfuhr, daß es infolge der eigenmächtigen Politik Delcassés unmittelbar vom Ausbruch eines Krieges bedroht sei, wurde Delcassé von der durch gleichzeitige Demonstrationen der deutschen Sozialdemokraten unterstützten französischen Sozialdemokratie unter der energischen Führung von Jean Jaurès am 6. Juni 1905 gestürzt. Alle Minister hatten gegen ihn gestimmt. Als Delcassé die entscheidende Kabinettssitzung verließ, soll er geäußert haben, daß sich England bereit erklärt habe, falls es wegen des Marokko-Abkommens zu einem deutsch-französischen Kriege komme, seine Flotte mobil zu machen, sich des Kieler Kanals zu bemächtigen und 100 000 Mann nach Schleswig-Holstein zu werfen[1]). England reagierte auf den Sturz Delcassés mit einem demonstrativen Besuch der britischen Flotte in Brest am 9. Juli 1905, den die französische Flotte im August in Cowes erwiderte. Wie immer also es mit jener Zusage, die England Delcassé gegeben haben soll, gestanden haben mag, England zeigte der Welt, daß es zu Frankreich stand.

---

[1]) Am 3. Februar 1905 drohte der Zivillord der englischen Admiralität Lee mit der Vernichtung der deutschen Flotte: „Wenn ein Seekrieg zu erklären wäre, würde die englische Flotte losschlagen, bevor man auf der anderen Seite Zeit hätte, die Kriegserklärung in der Zeitung zu lesen." Friedjung, Das Zeitalter des Imperialismus. Berlin 1919, S. 459, 460. Siehe auch die Depesche des belgischen Gesandten in London Grafen Lalaing vom 7. Februar 1905 an Baron Favereau, Minister des Äußeren in Brüssel. (Belgische Aktenstücke, 1905—1914, Berlin S. 1.)

Zunächst erschien der Sturz Delcassés als ein Triumph Bülows. Die Franzosen mußten ihn um so mehr als solchen auffassen, als der Kaiser darob Bülow den Fürstentitel verlieh; sie wurden als Folge gegen Deutschland weiter erbittert. Auch war der Ministerpräsident Rouvier, der nach Delcassé die Leitung der auswärtigen Politik Frankreichs übernahm, ebensowenig wie Delcassé bereit, in eine neue Konferenz über Marokko zu willigen, nur mit dem Unterschiede, daß es Delcassé nicht darauf ankam, den Krieg zu vermeiden, Rouvier dagegen den Frieden erhalten wollte. Es kam zu langen Verhandlungen. Für den Fürsten Bülow war es augenscheinlich von alleräußerster Wichtigkeit, daß die Konferenz stattfände. Er hatte, um sie zu erreichen, den widerwilligen Kaiser vermocht, nach Tanger zu gehen; er war unmöglich, wenn dieser auffallende Schritt erfolglos blieb. So stellte er denn dem französischen Botschafter in Berlin vor, daß der Kaiser, nachdem er sich dem Sultan verpflichtet habe, ihn nicht im Stich lassen könne, wobei er durchblicken ließ, daß Deutschland Frankreich Alles, was es wünsche, bewilligen werde, wenn man ihm nur die geforderte internationale Konferenz zugestehe. Da willigten die Franzosen lachend ein. Vom 16. Januar bis 7. April 1906 tagte die Konferenz zu Algeciras. Aber welch traurige Rolle hat dort Deutschland gespielt! Die Engländer, die ihm gerade in bezug auf Marokko ein Bündnis angeboten, hatte es zurückgestoßen, und die Russen, denen es nachgelaufen war, hatten nichts von ihm wissen wollen. Da stand es nun nahezu allein inmitten von Mächten, von denen es im voraus feststand, daß sie gegen es entscheiden würden. Auch von seinen Dreibundsgenossen ließ Italien Deutschland im Stich; es war schon 1900 von Frankreich durch die Zusicherung von Tripolis, falls ihm Marokko zufalle, gewonnen worden[1]). Fürst Bülow hat sich über die Haltung Italiens im Reichstag mit dem Witze, daß man seiner Tänzerin auch einmal eine Extratour gestatten müsse, hinwegzuhelfen gesucht. Nur Österreich-Ungarn trat als „brillanter Sekundant", wie der Kaiser es nannte, Deutschland zur Seite, wofür dieser Gegenleistung in Aussicht stellte, jene „Nibelungentreue", die für Deutschland so verhängnisvoll werden sollte. Frankreich erhielt im Algeciras-Vertrag von 1906

[1]) Siehe Alfred Pevet, Les responsables de la guerre. Paris 1922, S. 65.

alles bewilligt, was ihm in dem englisch-französischen Vertrag vom 8. April 1904 von Großbritannien eingeräumt worden war. Die von Bülow durchgesetzte Konferenz war für ihn eine völlige Niederlage. Der Kaiser sah damals wenigstens darin einen Erfolg.

6. Aber das war nicht die einzige Illusion, in der sich der Kaiser bewegte. Man möchte laut aufschreien, wenn man in den Briefen Kaiser Wilhelms II. an Nikolaus II. liest[1]), wie der Kaiser noch immer glaubte, Rußland als Alliierten gewinnen zu können. Er wußte doch von der Militärkonvention mit einer Spitze gegen Deutschland, die seit 1892 zwischen Rußland und Frankreich bestand; er hatte es schmerzlich empfunden, als der Zar 1897 von Frankreich als von Rußlands Alliierten sprach; es war weltbekannt, daß der Zar 1901 zur Bekräftigung dieses Bündnisses an den französischen Manövern teilgenommen hatte. Wahrlich Warnungszeichen genug, um nicht durch Zurückweisung des gerade damals angebotenen englischen Bündnisses der nahezu gesamten übrigen Welt allein gegenüber zu stehen. Aber quem Deus perdere vult dementat. Der Kaiser ist in den Gedanken, Rußland zum Alliierten gegen England zu gewinnen, rein versessen. Nachdem die Japaner dem von den Russen längst beabsichtigten Krieg[2]) gegen Japan am 10. Januar 1904 durch Überfallen der russischen Flotte vor Port Arthur zuvorgekommen, glaubte er den Zaren gegen die Franzosen scharf machen zu können, weil sie ihm, ihrem Verbündeten, nicht ihre Flotten zu Hilfe schickten[3]), während deren Bündnis mit Rußland sich ja nur gegen ihn richtete; und über den englisch-französischen Vertrag vom 8. April 1904 schrieb er ihm, er werde nur die Wirkung haben, die Franzosen zu hindern, Rußland gegen Japan zu helfen[4]). Als dann die gegen Japan fahrende russische Flotte in der Nacht vom 21.—22. Oktober 1904 englische Fischerboote, die sie im Nebel für japanische Torpedoschiffe

---

[1]) Ich höre, daß die Konzepte dieser Briefe von Bülows Hand geschrieben sind; der Kaiser habe sie nur abgeschrieben.

[2]) Der Zar hat schon 1902 dem Kaiser erklärt, er werde den Krieg gegen Japan voraussichtlich 1904 beginnen, und nur weil die Vorbereitungen noch nicht fertig waren, den Krieg verschoben. Siehe Wilhelms II. Vergleichende Geschichtstabellen S. 31, 33.

[3]) Am 15. Februar 1904 hat Frankreich seine Neutralität im russisch-japanischen Kriege erklärt.

[4]) Briefe Wilhelms II., S. 119.

gehalten, zusammengeschossen hatten, und darob eine Verstimmung zwischen England und Rußland entstanden war, benützt der Kaiser die Gelegenheit, um dem Zaren ein Bündnis gegen England anzubieten[1]), und meint allen Ernstes, daß sich dem auch Frankreich, als Verbündeter Rußlands, anschließen müsse. Aber die russische Diplomatie, die den Krieg gegen Deutschland seit lange vorbereitete, will davon nichts wissen. Der russische Außenminister Graf Lambsdorff sieht in dem Anerbieten nur das ständige Streben der deutschen Regierung, Rußlands freundschaftliche Beziehungen zu Frankreich zu stören[2]). Doch ist der Zar diesmal bereit, auf Wilhelms Lockungen einzugehen. Die Doggerbankaffaire hat ihn zu sehr geärgert. Er antwortet Lambsdorff, daß er für ein Übereinkommen mit Deutschland und Frankreich gegen England sehr eingenommen sei; „dies wird Europa von der übermäßigen Frechheit Englands befreien und wird in der Zukunft von außerordentlichem Nutzen sein“[3]). Er fordert den Kaiser auf, den Entwurf eines Bündnisvertrags auszuarbeiten[4]), was dieser mit Zuhilfenahme Bülows auch tut. Der Entwurf wurde dem Zaren am 27. Oktober 1904 telegraphiert. Aber Rußland ist doch mit Frankreich verbündet, dieses seit dem 8. April in intimster Freundschaft mit England, und Delcassé mit Cambon sind eifrigst bemüht[5]), dieses, das über die Schießerei an der Doggerbank mit Recht entrüstet ist, im Hinblick auf ein zukünftiges Bündnis mit Rußland zu beschwichtigen. Auch führt der russisch-japanische Krieg statt zu Konflikten mit England und Rußland zu englischen Konflikten mit Deutschland. Die Hamburg-Amerika-Linie

[1]) Die Meinung, die Prof. W. Goetz in seiner Ausgabe der Briefe Wilhelms II. an den Zaren S. 130 ausgesprochen hat, daß das Bündnisangebot vom Zaren ausgegangen sei, und der ich in meiner Schrift „Der Weltkrieg und E. D. Morel“, S. 56, Anmerk. 2 zugestimmt habe, ist, wie aus den mir seitdem zugänglich gewordenen Russischen Geheimdokumenten S. 339 hervorgeht, irrig. Die Idee des Bündnisses ist von Wilhelm II. ausgegangen. Sie ist ausgesprochen in einem Telegramm aus Neues Palais vom 14./27. Oktober und vom Zaren in einem Telegramm vom 16./29. Oktober aufgenommen worden. (Siehe Hammann, Der mißverstandne Bismarck, S. 127.)

[2]) Russische Geheimdokumente, S. 63.

[3]) Ebenda S. 63, 64.

[4]) Ebenda S. 340.

[5]) Siehe Russische Geheimdokumente, S. 63; vgl. dazu Briefe Wilhelms II., S. 133.

machte glänzende Geschäfte[1]), indem sie den Russen eine ganze Reihe von Dampfern mit erheblichem Gewinn verkaufte und durch große Kohlenlieferungen der baltischen Kriegsflotte erst die Ausfahrt nach Ostasien möglich machte. Das hat England für einen Neutralitätsbruch gegen das mit ihm verbündete Japan erklärt und den Schiffen der Hamburg-Amerika-Linie verboten, die englischen Häfen zu verlassen. Nun verlangt Wilhelm von seinem geliebten Freunde Nicky[2]) „absolut positive Garantien, ob er beabsichtige, ihn ohne Hilfe zu lassen oder nicht, falls England und Japan ihm infolge der Kohlenbelieferung der russischen Flotte durch Deutschland den Krieg erklären sollten." Da fällt Port Arthur am 2. Januar 1905, und in den folgenden Monaten erleiden die Russen Niederlagen auf Niederlagen. Darauf ist es am 24. Juni 1905 schließlich doch noch zu dem von Wilhelm II. so heiß ersehnten Vertrag mit Nikolaus gekommen. Dies der Wortlaut, wie er bei der Zusammenkunft der beiden Kaiser in Björkö vereinbart wurde[3]):

„Ihre Kaiserlichen Majestäten der Kaiser von Rußland einerseits und der Deutsche Kaiser andererseits vereinbarten, um den Frieden in Europa zu sichern, folgende Punkte eines Traktats über ein Defensivbündnis:

Punkt 1: Im Falle eines Angriffs auf eines der beiden Reiche seitens einer europäischen Macht verpflichtet sich jeder Verbündete, mit allen seinen Land- und Seestreitkräften dem anderen Hilfe zu leisten.

Punkt 2: Die hohen vertragsschließenden Parteien verpflichten sich, keinen Separatfrieden mit einem gemeinsamen Gegner zu schließen.

Punkt 3: Der gegenwärtige Vertrag erlangt seine Kraft von dem Augenblick an, an dem zwischen Rußland und Japan ein Frieden vereinbart sein wird, und er bleibt in Kraft, solange derselbe nicht mit einjähriger Frist gekündigt worden ist.

Punkt 4: Nachdem dieser Vertrag in Kraft getreten sein wird, unternimmt es der Kaiser aller Reußen, Frankreich mit seinem Inhalt bekannt zu machen und ihm den Vorschlag zu unterbreiten, sich dem Vertrag des Bundesgenossen anzuschließen.

(Unterschrieben) Wilhelm, Nikolaus

(Gegenzeichnung) v. Tschirschky und Bögendorf, Birilow.

[1]) Siehe Bernhard Haldermann, Albert Ballin. 3. Aufl. Oldenburg i. O. 1922, S. 145—9.

[2]) Wilhelms II. Briefe, S. 150.

[3]) Russische Geheimdokumente, S. 20.

Sollte man es auch nur für denkbar halten, daß der Kaiser an die Möglichkeit geglaubt hat — und zwar ohne von Bülow enttäuscht worden zu sein — daß Frankreich, das soeben die Entente cordiale mit England abgeschlossen hatte und, wie Wilhelm bekannt war, soeben zu einem Gegenbesuch der französischen Flotte in Cowes rüstete, sich diesem gegen England gerichteten Vertrag anschließe? Ja, er glaubt noch mehr! Er hielt es für möglich, daß sogar das noch im Krieg mit Rußland befindliche Japan dem Vertrag beizutreten gewillt sein könnte; „das würde Englands Anmaßung und Impertinenz abkühlen, da es (Japan) ebenfalls sein Verbündeter ist"; und er schreibt weiter: „Marianne (Frankreich) muß daran denken, daß es mit Dir verheiratet und verpflichtet ist, mit Dir im Bett zu liegen, auch schließlich auch mich hin und wieder liebkosen oder mir einen Kuß geben, aber nicht in das Schlafzimmer des immer intrigierenden „Touche à tout" auf der Insel kriechen soll[1])."

Die Zusammenkunft der beiden Kaiser in Björkö hat begreiflicherweise in Eduard VII. den brennenden Wunsch hervorgerufen, zu erfahren, was dort verhandelt worden sei, und Wilhelm II. überbietet sich in spöttischem Jubel über den Ärger des „Erzintriganten und Unheilstifters", nichts darüber erfahren zu können[2]). Aber lange sollte diese Freude nicht dauern. Unter nachträglicher Billigung des deutschen Kaisers hat der Zar den erbittertsten Gegnern Deutschlands, dem Großfürsten Nikolaus Nikolajewitsch und anderen deutschfeindlichen russischen Offizieren, den Inhalt des Björkö-Vertrags mitgeteilt[3]). Sehr bald darauf beklagt sich Wilhelm II. über Eduards VII. Intrigen gegen den Björkö-Vertrag[4]). Dem Onkel war also dieser bereits bekannt, und schon am 29. September 1905 sieht sich der Kaiser genötigt, in einem Telegramm, das mit den Worten schließt: „Was unterschrieben ist, ist unterschrieben und Gott ist unser Zeuge" den Vertrag zu verteidigen[5]). Es ist nicht bekannt, daß dieser je gekündigt worden ist. Dagegen schreibt[6]) Wilhelm II. darüber den für die Machtlosigkeit des russischen

---

[1]) Wilhelms II. Briefe, S. 193.
[2]) Ebenda S. 197, 200.
[3]) Siehe ebenda S. 216; ferner Russische Geheimdokumente, S. 352.
[4]) Russische Geheimdokumente, S. 354, 355.
[5]) Ebenda S. 353, 354.
[6]) In seinen „Vergleichenden Geschichtstabellen", Rubrik Deutschland, S. 36.

Alleinherrschers äußerst bezeichnenden Satz: „Die Ratifizierung (des Vertrags) scheitert am Widerspruch der russischen Regierung“, und auf der Konferenz in Algeciras vom 2. Januar bis 18. Juni 1906 finden wir Rußland in der Gefolgschaft des mit ihm verbündeten Frankreichs. Es war dies gleichzeitig das erste offene Auftreten Rußlands im Bunde mit England. Und bald sollte die Intimität zwischen den drei Ländern noch größer werden.

Doch bevor ich weiter erzähle, eine persönliche Einschaltung. In seinen Briefen an den Zaren schreibt Wilhelm II. am 21. Dezember 1904[1]): „Loubet und Delcassé sind zweifelsohne erfahrene Staatsmänner, aber da sie keine Fürsten oder Kaiser sind, bin ich nicht in der Lage, sie — in einer Vertrauensfrage, wie dieser — auf denselben Fuß zu stellen wie Dich, meinesgleichen, meinen Vetter und Freund“. Ich weiß nicht, ob die nicht fürstliche Welt dem Urteil beitreten wird, daß Freundschaftsversicherungen unter Monarchen ein besonderes Zutrauen verdienen. Der bürgerliche Mensch pflegt sich von dem abzuwenden, der gleichzeitig, während er auf das heftigste gegen ihn intrigiert, ihm die innigste Freundschaft beteuert. Hier finden wir Wilhelm II., dessen Briefe an den Zaren von keinem anderen Gedanken als dem der Niederwerfung Englands beseelt sind, und der von seinem Onkel, dem englischen König, nur als dem „großen Unheilstifter“ spricht, und der doch nicht ohne England leben kann[2]) und es schmerzlich empfindet, wenn er nicht alle Jahre vom englischen Hofe zum Besuch eingeladen wird, und umgekehrt eben diesen Onkel, der selig ist, wenn nach solchem Besuche sein Neffe England wieder verläßt[3]), und ihn nur allzu treffend als „the most brilliant failure of history[4])“, „den glänzendsten Mißerfolg in der Geschichte“ bezeichnet hat; trotzdem sucht er ihn fast jedes Jahr, sei es in Homburg, Wilhelmshöhe oder selbst in Berlin, zu freundschaftlicher Begrüßung auf, ja selbst nachdem er, wovon noch die Rede sein wird, im Juni 1908 mit Nikolaus II. in Reval den Vertrag mit Rußland, der das Bündnis zwischen diesem und England begründete, abgeschlossen hat, trifft er am 18. August mit seinem

[1]) Briefe Wilhelms II, S. 153.
[2]) Vgl. Eckardtstein an verschiedenen Stellen.
[3]) Eckardtstein II, S. 415.
[4]) Ebenda S. 435.

Neffen in Kronberg zusammen, der darüber an Nikolaus schreibt[1]): „Onkel Bertie war ganz Sonnenschein und sehr guter Laune. Er beabsichtigt, Berlin im nächsten Jahr offiziell mit Tante Alix zu besuchen." Ebenso sehen wir den Zaren, der mit Wilhelm die innigsten Freundschaftsbriefe wechselt, während seine Regierung gleichzeitig von einer Einladung zur Eröffnung des Nordostseekanals den Gebrauch macht, durch Spione Erkundigungen einziehen zu lassen, die bei Ausbruch eines Krieges gegen Deutschland wertvoll sein würden[2]), und der selbst, wovon wir noch hören werden, am 24. Mai 1913 zur Vermählungsfeier der Tochter des Kaisers kommt, während er gleichzeitig die Serben zum Kampf gegen das Germanentum aufreizt. So gingen denn auch, nachdem König Eduard von dem gegen ihn gerichteten Björkö-Vertrag Kenntnis erhalten hatte, die freundschaftlichen Beziehungen zwischen Onkel und Neffen fort, während der König weitere Schritte tat, um ein Land nach dem anderen von Deutschland abzuziehen und für sich zu gewinnen. Und da der Onkel der weit klügere Politiker war, ist ihm dies nur zu gut zum Schaden Deutschlands gelungen.

7. Als Rußland auf der Konferenz von Algeciras in der Gefolgschaft Englands auftrat, war das Ministerium Balfour-Lansdowne, das den englisch-französischen Vertrag vom 8. April 1904 abgeschlossen hatte, nicht mehr am Ruder. Es war wenige Wochen vorher gestürzt worden. Aber damit trat in der äußeren Politik Englands keine Änderung ein. Außenminister wurde nunmehr der intime Freund Eduards VII., Sir Edward Grey. Er war noch nicht einen Monat im Amt, als die Freundschaft Großbritanniens mit Frankreich in einem für den Weltfrieden verhängnisvollen Maße inniger wurde[3]). Auf Andringen des französischen Botschafters in London, Paul Cambon, hat Grey hinter dem Rücken nicht nur des Parlaments, sondern auch des Kabinetts, dem er angehörte — er hat nur zwei Mitglieder desselben, die wegen ihres Imperialismus in Gegensatz zu dem Premierminister Campbell-Bannerman standen, die Herren Asquith und Haldane, in seine Pläne eingeweiht —, zugesagt, daß England in einem deutsch-französischen Krieg Frankreich mit seiner ganzen Kriegsmacht unterstützen werde,

[1]) Briefe, S. 238.
[2]) Briefe, S. 16.
[3]) Siehe Lujo Brentano, Der Weltkrieg und E. D. Morel, S. 51ff.

falls die öffentliche Meinung Englands bei Kriegsausbruch dies billige. Wie Grey und 1918 Lloyd George es ausdrückten, war England dadurch nicht vertragsmäßig, aber „in Ehren" verpflichtet. Durch diese Zusage gesichert, hielt sich Frankreich in keiner Weise an das öffentliche Recht betreffend die internationale Stellung Marokkos, wie es im Vertrag von Algeciras festgelegt war. Es annektierte in Marokko bald hier, bald da einen Brocken, entsandte Truppen dorthin, um Aufstände der Eingeborenen, die es selbst verursacht hatte, niederzuwerfen, und kümmerte sich nicht um die Proteste des Auswärtigen Amts in der Wilhelmstraße, welche dieses ob Verletzung der in der Algecirasakte „im Namen Gottes des Allmächtigen" von allen Mächten abermals proklamierten Souveränität des Sultans und Unversehrtheit seines Reiches erließ. Da entsandte der Deutsche Kaiser am 2. Juli 1911 ein kleines Kriegsschiff, den „Panther", nach Agadir, um die Interessen der Deutschen in Marokko, die wie die aller Europäer durch einen angeblichen Aufstand der Marokkaner bedroht sein sollten, zu schützen; gleichzeitig aber erklärte das Berliner Auswärtige Amt dem französischen Ministerium, daß es keinerlei Absicht habe, der französischen Regierung Schwierigkeiten zu bereiten; es sei völlig bereit zu einem freundlichen Austausch der Meinungen über eine Lösung der marokkanischen Frage, die alle Mächte zufriedenstelle und Marokko ein für allemal aus der internationalen Politik ausmerze. Es sei völlig geneigt, in freundschaftlichem Geiste jedweden Vorschlag der französischen Regierung zu prüfen.

Auch begannen nun solche Verhandlungen zwischen Frankreich und Deutschland. Aber Grey war nicht geneigt, sie zu einem friedlichen Ende gelangen zu lassen, ohne dagegen gesichert zu sein, daß Deutschland in dem endgültigen Abkommen zwischen Frankreich und Deutschland ein Stück der Küste am Atlantischen Meere erhielte, das ihm zum Stützpunkt seiner Flotte dienen könne. Während die französische Presse sich ziemlich ruhig verhielt, ließ er eine von Unwahrheiten über die Ansprüche, die Deutschland stelle, strotzende Hetze gegen Deutschland in der englischen Presse eröffnen. In einer Rede im Parlament erklärte er, kein Abkommen zwischen Frankreich und Deutschland anerkennen zu können, an dem England nicht teilnehme. Erst nachdem Deutschland in dem Abkommen mit Frankreich vom 4. November 1911 auf den Erwerb der Küste des französischen Kongogebiets am Atlantischen Ozean verzichtet hatte, sah er die Seeherrschaft Englands durch Deutschlands Abkommen mit Frankreich nicht mehr bedroht.

Frankreich hatte in diesem Abkommen gegen Gewährleistung der „offenen Tür" und der Gleichberechtigung der deutschen mit den französischen Unternehmungen in Marokko, sowie gegen Austausch einer größeren Anzahl von Quadratmeilen unfruchtbareren Landes im französischen Kongogebiet gegen eine geringere Anzahl Quadratmeilen fruchtbareren deutschen Landes im Oberen Kamerun von Deutschland die Anerkennung des ihm bis dahin von diesem bestrittenen Protektorates über Marokko erreicht. Es glaubte somit auch nicht mehr mit den Geheimverträgen hinter dem Berge halten zu müssen, die Frankreich, Spanien und Großbritannien am 8. April und 6. Oktober 1904 gleichzeitig mit den veröffentlichten Verträgen abgeschlossen hatten. Im Gegenteil; es gab den Franzosen Genugtuung, sie als Dokumente des von ihnen über Deutschland erfochtenen diplomatischen Sieges aller Welt kundzutun. Die französischen Zeitungen haben diese Geheimverträge am 9. und 11. November 1911 veröffentlicht.

Damit wurde aber nicht nur der diplomatische Sieg Frankreichs, sondern allen offenbar, daß die drei Mächte gleichzeitig mit den von ihnen bekanntgegebenen Verträgen, in denen sie die Souveränität des Sultans von Marokko und die Unversehrbarkeit seines Reiches zu wahren versprochen hatten, sich über die Teilung dieses Reichs zwischen Frankreich und Spanien bei gleichzeitiger Sicherstellung der britischen Handelsinteressen geeinigt hatten[1]).

---

[1]) Als im Februar 1912 die Geheimverträge im französischen Senat zur Sprache kamen, war es nicht nur der Pazifist d'Estournelles de Constant, der seiner Entrüstung über die Doppelzüngigkeit der Vertragsschließenden Luft machte: der alte Ribot verweilte bei dem zynischen Widerspruch zwischen öffentlichen Versicherungen und privaten Abmachungen. 1904 wurde ein Vertrag unterzeichnet — ein Geheimvertrag —, dessen Bestimmungen wir erst kürzlich kennengelernt haben . . . , es war ein Teilungsvertrag und hat Schwierigkeiten erzeugt, die noch nicht ganz beseitigt sind. Spanien war verpflichtet, sich klarzumachen, und tat es auch, „daß es eine Verteilung der Souveränität zwischen Frankreich und Spanien bedeutete in demselben Augenblick, da ein veröffentlichter Vertrag erklärte, daß beide Nationen sich aus innerster Seele zur Unabhängigkeit und Unversehrtheit Marok-

Nachdem Eduard VII. die Versöhnung Englands mit Frankreich so glänzend gelungen war, machte er sich daran, die anderen Mächte zum Bund gegen Deutschland einzufangen. Dabei hat aber auch er nicht den Krieg gewollt. Fürst Bülow, in diesem Punkt ein klassischer Zeuge, schreibt über ihn[1]): „Seine Politik richtete sich nicht so sehr direkt gegen die deutschen Interessen, als daß er es versuchte, durch eine Verschiebung der europäischen Machtverhältnisse Deutschland allmählich matt zu setzen.“ Damit glaubte er den Frieden, den er als durch Deutschland gefährdet ansah, zu sichern, und eben deshalb wurde er in der Ententepresse als der Friedenskönig gefeiert. Am 8. April 1907 besuchte er den König von Spanien in Cartagena; der belgische Gesandte in London, E. von Cartier, berichtete[2]) darüber am 12. April an das Auswärtige Ministerium in Brüssel: „Der Besuch König Eduards bei seinem königlichen Neffen in Cartagena wird vor allem den Zweck verfolgen, die Bande, die Spanien mit Großbritannien verknüpfen, enger zu gestalten und den deutschen Einfluß in Madrid möglichst zu schwächen.“ Am 18. April 1907 begegnete sich Eduard in Gaeta mit dem König von Italien, das, wovon noch zu sprechen sein wird, schon 1902 mit Frankreich einen Vertrag abgeschlossen hatte, der im direkten Widerspruch zu seinen Dreibundsverpflichtungen stand[3]). Bei dem alten Kaiser Franz Joseph soll Eduard VII. schon 1906 den Versuch gemacht haben, ihn zum Abfall von Deutschland zu bewegen; er hat den Versuch 1907 und 1908 wiederholt, zu seinem Verdruß ohne Erfolg[4]), und sich im Jahre 1907 nach seinem Mißerfolg in Ischl mit dem damaligen französischen Ministerpräsidenten Clemenceau in Marienbad getroffen[5]). Nachdem ihm der Björkövertrag von 1905 bekannt geworden war, in dem Wilhelm und Nikolaus ein Defensivbündnis gegen England vereinbart hatten, mußte es Eduard vor allem darauf ankommen, den Zaren dem Deutschen Kaiser abspenstig zu machen.

1920, p. 81. Auch im englischen Unterhaus wurden Proteste laut. Siehe auch Pevet, a. a. O., S. 47.

[1]) Fürst von Bülow, Deutsche Politik, Berlin 1916, S. 49.

[2]) Belgische Aktenstücke 1905—1914, herausgegeben vom Auswärtigen Amt, Berlin, S. 33.

[3]) Siehe Pevet, Les responsables de la guerre. Paris 1922, p. 65ff.

[4]) Czernin, Im Weltkrieg, S. 5, 6.

[5]) Hammann, Der mißverstandene Bismarck, S. 148ff., 156ff.

Der Weg dazu war ein Abkommen mit Rußland, in dem England den russischen Ansprüchen in Persien unter schmachvoller Preisgabe der Wiedererneuerungsbestrebungen der Perser entgegenkam. Es hat das ganze nördliche Persien — doppelt soviel der Fläche, zehnmal soviel der Einwohnerzahl und sechsmal so viel dem Werte nach — als russische Einflußsphäre anerkannt, wogegen es durch Ausdehnung seiner Interessensphäre über die persische Küste des gesamten Golfs Sicherheit gegen russische Angriffe gegen Indien erhielt. Damit hatte sich England weitere Bewegungsfreiheit für den Fall eines deutsch-englischen Krieges gesichert. Im Juli 1908 hat sich dann Eduard, von Hardinge begleitet, mit dem Zaren in Reval getroffen, und das Jahr darauf, am 2. August 1909, hat dieser den Revaler Besuch in Cowes erwidert. Wenige Monate darauf, am 6. Mai 1910, ist König Eduard gestorben. Aber auch nach seinem Tode hat die Einkreisungspolitik, die er ins Rollen gebracht hatte, noch weitere Fortschritte gemacht. Die Japaner, deren Bündnis Deutschland 1901 verschmäht hatte, deren Krieg gegen Rußland Deutschland wegen Belieferungen der russischen Kriegsschiffe mit Kohlen beinahe in einen Krieg mit England verwickelt hätte, und der dann wirklich den Zaren zum Abschluß des Björkövertrags gegen England vermocht hat, haben sich unter französischer Vermittlung sehr rasch mit den Russen eben gegen die Deutschen zusammengefunden. Am 8. Juli 1912 haben sie den Russen in einem Vertrage gestattet, im Falle eines europäischen Kriegs ihre Truppen aus Sibirien zurückzuziehen. Sie hatten nach Besiegung der Russen mit ihnen einen Frieden geschlossen, der diesen weder einen Fuß breit eigenen Bodens noch eine Kopeke kostete; dafür gab Rußland seine asiatische Expansionspolitik auf und überlieferte ihnen damit Kiautschou, als seine Balkanbestrebungen zu einem europäischen Kriege führten. Damit war der Zusammenschluß aller Weltteile gegen das lediglich mit Österreich-Ungarn und der Türkei verbündete Deutschland vollendet, und es kam nur darauf an, den Anlaß zu finden, um deren Millionenheere gegen das mit unverzeihlicher Torheit regierte Deutschland loszulassen. Für diesen sollten die nach der französisch-russischen Pfeife tanzenden Serben sorgen.

8. Ehedem waren die Serben allerdings nicht dem Machtworte des Zaren gefolgt. Während Rußland in Bulgarien, hatte Österreich-Ungarn in dem ihm zunächst liegenden Serbien seine Einflußsphäre gesehen.

Beide hatten in diesen Einflußsphären, Rußland in Bulgarien, Österreich-Ungarn in Serbien, die Unterstützung Deutschlands gefunden, und England hatte in dem Übergewichte der österreichisch-ungarischen Monarchie in Serbien ein willkommenes Gegengewicht gegen den Einfluß der Russen auf der Balkanhalbinsel gesehen. Und auch Serbien hatte ehedem in Wien seinen Schutz gesucht. Es hatte der Wiener Regierung in der Tat viel zu verdanken. Sie war es, welche Serbien auf dem Berliner Kongresse die Beseitigung der letzten Reste türkischer Oberherrschaft, der jährlichen Angabe von einigen hunderttausend Franken und einer unerheblichen Garnison in Zvornik gebracht hatte, sowie die Zuteilung der Gebiete, die Rußland im Frieden von San Stefano Bulgarien zugesprochen hatte. 1882 war Serbien ein Königreich geworden unter Milan Obrenowitsch. Er stand ganz unter dem Einfluß von Wien. Dafür hat die Wiener Regierung Serbien auch Schutz zuteil werden lassen. Am 28. November 1885 hat der österreich-ungarische Gesandte in Belgrad, Graf Khevenhüller, einem weiteren Vordringen der siegreichen Bulgaren Halt geboten.

Diese Stellung Österreich-Ungarns in Serbien war den Russen ein Dorn im Auge. Um es aus ihr zu verdrängen, hatte Rußland in den achtziger Jahren Bukarest zum Agitationszentrum seiner Agenten gemacht. Diese hatten von da aus die serbischen Politiker gegen Milan aufzureizen gesucht und die unter der Leitung von Paschitsch stehende Milan feindliche Partei subventioniert. Sie haben den Sturz Milans zustande gebracht, haben Rußlands Bündnis mit Nikolaus von Montenegro — dem einzigen Freunde Alexanders III.! — gegen die Obrenowitsche und Österreich-Ungarn vorbereitet und, als die Schmach, welche Milans Sohn Alexander durch seine Heirat mit Draga über Serbien gebracht hatte, zur grausamen Ermordung beider geführt hatte, haben sie es so zu drehen verstanden, als ob das serbische Volk seine Befreiung Rußland zu danken habe. In der Tat hatte der Vertreter der mit den Obrenowitsch rivalisierenden Dynastie, Peter Karageorgewitsch, die Ermordung des Königs Alexander zur Bedingung seiner Thronbesteigung gemacht[1]).

Die russische Politik hat in dem Unverstand der österreichisch-

[1]) Siehe Dr. M. Boghitschewitsch, ehemaliger serbischer Geschäftsträger in Berlin, Kriegsursachen. Zürich 1919, S. 16.

ungarischen Regierung mächtige Unterstützung gefunden. Sie hatte sich zwar von Alexander und Draga als unmöglichen Herrschern lange vor ihrer Ermordung schon abgewandt und hat die neue Dynastie alsbald anerkannt und unterstützt[1]). Aber Peter Karageorgewitsch war doch durch die russisch gesinnte radikale Partei unter Paschitsch König geworden, und der österreichische Außenminister Graf Goluchowski verstand es nicht, dies durch die Art und Weise, wie er die serbischen Politiker behandelte, in Vergessenheit zu bringen. Er hat sie wie Schuljungen behandelt. Unter seinen Nachfolgern Aehrenthal und Berchtold hat, nach den Worten Czernins[2]), die durch Tisza bestimmte ungarische Politik die serbischen Differenzen geradezu gezüchtet. „Die Zulassung der Serben an das Meer galt ihm als ausgeschlossen, weil er die serbischen Agrarprodukte haben wollte, wenn er sie brauchte; er wollte aber auch keine offene Tür für die serbischen Schweine, weil er den Preis der ungarischen nicht drücken wollte." Das mußte die russische Partei in Serbien allmächtig machen. In welchem Maße sie die Herrschaft über König Peter erlangte, zeigt, daß er auf ihr Drängen seinen bei Franz Joseph angesagten Besuch in Budapest unterlassen mußte[3]). Ihr Ziel war ein Großserbisches Reich. Es konnte nur bei Zertrümmerung der österreichisch-ungarischen Monarchie erreicht werden, zu der ja weit mehr Serben als zu Serbien gehörten. Insbesondere hatte Großserbien die Einverleibung von Bosnien und der Herzegowina in den serbischen Staat zur Voraussetzung. Daher die antiösterreichische Agitation der Radikalen in den beiden Ländern. Österreich-Ungarn wurde als der Erbfeind der Serben hingestellt.

Nun hatte England, das, wie gesagt, Österreich-Ungarns Übergewicht in Serbien begünstigt hatte, sich in einer Konvention vom 6. Juni 1878 zur Unterstützung jedweden Vorgehens Österreich-Ungarns in Bosnien und der Herzegowina verpflichtet[4]). Nach der Ermordung von Alexander und Draga hatte es voll Entrüstung die diplomatischen Beziehungen

---

[1]) Ebenda S. 15.

[2]) Czernin, Im Weltkriege, S. 185.

[3]) Boghitschewitsch, S. 21, Anm. 1.

[4]) „Le Gouvernement de la Majesté Britannique s'engage à soutenir toute proposition concernant la Bosnie que le Gouvernement Austro-Hongrois jugera à propos de faire au congrès", Boghitschewitsch, S. 31, Anmerkung.

zu Serbien abgebrochen. Es war das einzige Land, das sie 1907 noch nicht wieder aufgenommen hatte. Aber Peter Karageorgewitsch war ja der Mann Rußlands und von diesem zur Entfesselung des Krieges ausersehen, der zur Zertrümmerung des Deutschen Reichs und der österreichisch-ungarischen Monarchie in Aussicht genommen war. Man lese im Buch der Miß Durham, die das letzte Jahrzehnt des neunzehnten und das erste des zwanzigsten Jahrhunderts im nordwestlichen Balkan zugebracht hat, wie die Nachricht von der Zusammenkunft König Eduards mit dem Zaren in Reval in Serbien einschlug[1]). Bis ins letzte serbische Dorf jubelten die großserbischen Politiker, daß nunmehr England auf ihre Seite getreten sei. Auch wurde alsbald wieder ein englischer Gesandter nach Belgrad geschickt. London ließ Serbien seine diplomatische Unterstützung angedeihen und scheute keine finanziellen Opfer, um die Pläne des österreichischen Generalstabs gegen Serbien in Erfahrung zu bringen und sie Serbien mitzuteilen[2]). Von da ab nahm die Entwicklung zum Krieg gegen das mit Deutschland verbündete Österreich-Ungarn ihren unaufhaltsamen Lauf.

Zwar hatte Rußland schon 1881 in dem Geheimabkommen zwischen den drei Kaisermächten seine schon 1876 in Reichstadt gegebene Zustimmung zur Annexion von Bosnien und der Herzegowina durch Österreich-Ungarn erneuert[3]). Einstweilen hatte aber dieses nur von dem ihm im Berliner Vertrag zugesprochenen Okkupationsrecht Gebrauch gemacht und die beiden Länder, wie allgemein anerkannt wird, trefflich verwaltet. Da hat Graf Aehrenthal 1908 den Plan gefaßt, die bosnische Eisenbahn durch den Sandschak Nowibasar zu verlängern, wodurch eine unmittelbare Verbindung zwischen Wien und Saloniki hergestellt worden wäre. Das Recht dazu war Österreich-Ungarn im Berliner Vertrag ausdrücklich zugesprochen worden. Aber Iswolski, der Nachfolger des Grafen Lambsdorff als russischer Außenminister, wollte

[1]) Edith Durham, Twenty years of Balkan Tangle. London 1920.

[2]) Boghitschewitsch, S. 31, Anm. Siehe auch ebenda S. 147 das Telegramm des (in außerordentlicher Mission nach London entsendeten) serbischen Ministers Milanowitsch an das Ministerium des Äußeren in Belgrad, datiert London, 16. Oktober a. St. 1908.

[3]) Siehe Russische Geheimdokumente, S. 9. — Pribram, S. 14. Die Stelle lautet: I. Bosnie et Herzégovine. — L'Autriche-Hongrie se reserve de s'annexer ces deux provinces au moment qu'elle jugera opportun.

davon nichts wissen[1]). Er erklärte in einer am 25. Februar 1908 auf seinen Antrag einberufenen Sitzung des russischen Ministeriums:

„Graf Lambsdorff war bemüht, Bulgarien zurückzuhalten, und trat gleichzeitig für eine Verständigung mit Österreich ein. Eine solche Politik trägt einen rein negativen Charakter. Sie ist nicht imstande, zu einem vom Standpunkt der russischen historischen Interessen günstigen Lösung der Balkanfragen zu führen. Dagegen hat sie den einen Vorzug, das Einfrieren dieser Fragen zu fördern. Jedenfalls ist das nicht die Politik ernstlicher Erfolge auf dem Wege zu den von uns verfolgten Zielen."

Nach Iswolski war also die Politik seines Vorgängers im Außenministerium defensiv gewesen, unter ihm sollte sie offensiv werden. Aber der Ministerpräsident Stolypin erklärte, dazu sei das von Japan geschlagene Rußland noch zu schwach; Rußland brauche dringend eine Atempause, bevor es wieder aktive Politik als Großmacht treiben könne. Iswolski mußte sich also einstweilen mit Untergraben der Stellung Österreich-Ungarns begnügen. Dazu gab ihm Graf Aehrenthal alsbald Gelegenheit.

Dem Grafen Aehrenthal genügte der Bau der Sandschakbahn nicht mehr. Er ließ den volkswirtschaftlich vortrefflichen Gedanken fallen, um, unter Verzicht auf das Sandschak, die Einverleibung Bosniens und der Herzegowina zu betreiben. Den Anlaß dazu gab die jungtürkische Revolution. Sie hatte der Türkei eine Verfassung gebracht. Aehrenthal war der Meinung, daß nun auch Bosnien und die Herzegowina eine Verfassung erhalten müßten. Aber der Berliner Vertrag hatte die beiden Provinzen der österreichisch-ungarischen Monarchie nur zu Besitz und Verwaltung überlassen. Aehrenthal glaubte, ihnen eine Verfassung nur geben zu können, wenn man sie der Monarchie formell einverleibte. Nun hatte Rußland zwar schon 1876 und 1881 dieser Annexion zugestimmt, und als Aehrenthal am 16. September 1908 Iswolski bei dessen Besuch in Buchlau von seiner Absicht Mitteilung machte, hatte Iswolski sich einverstanden erklärt, wogegen ihm Aehrenthal in der Meerengenfrage Entgegenkommen versprach. Als aber die Abmachungen von Buchlau in der Meerengenfrage, und zwar hauptsächlich an dem Widerspruch Englands, aber auch an dem Frank-

[1]) Hammann, Der mißverstandene Bismarck, S. 153.

reichs gescheitert waren, entfesselte Iswolski eine rücksichtslose, auf die Vernichtung Österreichs gerichtete Agitation[1]).

Die Serben, deren großserbischer Traum durch die Annexion von Bosnien und der Herzogowina vernichtet schien, schäumten vor Wut. Desgleichen traten in Rußland die Panslawisten in verschärfte Opposition gegen Iswolski. Den Serben erklärten der Zar und die russischen Minister, diesmal habe man sie im Stich lassen müssen, weil Rußland noch nicht genügend militärisch vorbereitet sei; in zwei bis drei Jahren aber würde man so weit sein, selbst einen Offensivkrieg führen zu können; und am 12. November 1908 telegraphiert[2]) der serbische Ministerpräsident Paschitsch nach Belgrad: „Gestern hatte ich eine Sonderaudienz beim Zaren, die eine halbe Stunde dauerte. Der Zar gab seinen großen Sympathien für Serbien Ausdruck, riet eine ruhige Haltung an, denn unsere Sache sei gerecht, aber unsere Vorbereitung schwach. Die bosnisch-herzegowinische Frage werde nur durch einen Krieg entschieden werden.“ Am 6. März 1909 erklärte der Zar dem serbischen

---

[1]) Vgl. die auf Grund der russischen Geheimdokumente von Professor M. Pokrowski (Moskau) in der „Wochenschrift der Prawda“ Nr. 5 vom 23. Februar 1919 veröffentlichten Artikel, deren erster Teil im deutschen Weißbuch „Deutschland schuldig?“, Berlin 1919, S. 188ff. abgedruckt ist; ferner Boghitschewitsch a. a. O. S. 151ff. und die im eben genannten deutschen Weißbuch S. 101 abgedruckten Unterredungen der serbischen Gesandten Vesnitsch mit Iswolski am 5. Oktober 1908, Siemitsch mit dem russischen Botschafter in Wien Fürsten Krussow am 10. Oktober 1908, Ginitsch mit Iswolski in London am 13. Oktober 1908, sowie die bei Boghitschewitsch S. 151 und im deutschen Weißbuch S. 109 abgedruckte Depesche des serbischen Ministers Milowanowitsch vom 12. Oktober a. St. 1908 aus Berlin über eine Unterredung mit Iswolski. Darin findet sich folgende Stelle: „Iswolski verurteilt unablässig auf das schärfste Österreich-Ungarn, das bei Rußland und den Westmächten alles Vertrauen verloren habe; er äußerte seine Überzeugung und Hoffnung, daß dieses Vorgehen sich an Österreich-Ungarn bald blutig rächen werde; die österreichische Frage werde infolgedessen bald akuter werden als die türkische; seine Politik sei darauf gerichtet, unter Liquidierung aller russischen Fragen außerhalb Europas Rußland wieder seinen europäischen Fragen zuzuführen; Serbien sei in dieser Politik ein wichtiger Faktor als Zentrum der Südslawen“ usw.

[2]) Boghitschewitsch, S. 149, Deutsches Weißbuch, „Deutschland schuldig?“, S. 111.

Gesandten[1]), er habe die Empfindung, daß der Zusammenstoß mit dem Germanentum in der Zukunft unausweichlich sei, und daß man sich für denselben vorbereiten müsse, daß die Situation deshalb entsetzlich sei, weil Rußland zum Kriege unvorbereitet sei und die Niederlage Rußlands der Ruin des Slawentums wäre. Die deutsche Regierung aber machte den Vermittlungsvorschlag, dem es, indem er weder Rußland noch Österreich-Ungarn zu nahe trat, zu danken war, daß der Friede damals erhalten wurde[2]); der Vertreter des Germanentums aber, auf dessen Bekämpfung der Zar damals nur mit Schmerzen verzichtet hat, der deutsche Kaiser dankte am 9. April 1909 seinem „liebsten Nicky“, „für die loyale und edle Art“, mit der er auf dem Weg zur Erhaltung des Friedens vorgegangen sei[3]). Durch solche unwahre Schmeicheleien glaubte er die haßerfüllte Stimmung Rußlands gegen Deutschland bewältigen zu können. Es war beiderseits würdelos. Wie die Stimmung wirklich gewesen ist, zeigt, wenn der Nachfolger Plehwes im Ministerium des Innern, Fürst Swiatopolk-Mirski Anfang 1910 in einer russischen Zeitschrift schrieb[4]): Rußland brauche zur Erfrischung seiner sittlichen Atmosphäre einen Krieg[5]); für den Krieg müsse Frankreich das Geld geben; nach den an Rußland schon geliehenen Riesensummen sei es an einem russischen Sieg interessiert. Der Kampf werde schonungslos bis zur Zertrümmerung der beiden mitteleuropäischen Kaiserreiche geführt werden; das Königreich Tschechien werde Mähren, Dänemark Schleswig-Holstein erhalten und Frankreich werde für seine vielen Milliarden wieder in den Besitz von Elsaß-Lothringen kommen. Wir kennen heute weitere Äußerungen russischer und französischer Diplomaten, in denen die Serben durch Aussicht auf die Vergrößerung Serbiens auf Kosten von Österreich-Ungarn angetrieben wurden, den Krieg vorzubereiten; es ist für die Rumänen bezeichnend, daß ihre

---

1) Siehe das Telegramm des Spezialdelegierten Koschutitsch an das Ministerium des Äußern in Belgrad vom 6. März 1909, abgedruckt bei Boghitschewitsch, S. 150, 151 und im Deutschen Weißbuch „Deutschland schuldig?“, S. 114, 115.

2) Siehe Hammann, S. 164.

3) Briefe Wilhelms II., S. 248.

4) Hammann, S. 171, Anm.

5) Der russisch-japanische Krieg hatte sie augenscheinlich noch nicht ausreichend erfrischt. Man vgl. dazu oben S. 11, Anmerkung 1.

Minister, obgleich Rumänien damals noch mit Deutschland und Österreich-Ungarn verbündet war, sie dabei unterstützt haben[1]). Da beschwor der greise Franz Joseph in einem ergreifenden Briefe vom[2]) 1. Febr. 1913 den Zaren, im Bewußtsein seiner Verantwortlichkeit den europäischen Frieden zu wahren.

9. Es ist mir nicht bekannt, was der Zar darauf geantwortet hat. Wohl aber ist seitdem bekannt, wie von Paris aus seit 1912 der Krieg systematisch vorbereitet worden ist. Iswolski, der die durch Aehrenthal erlittene Niederlage nicht verschmerzen konnte, hatte sich dorthin als Botschafter versetzen lassen; der in Petersburg an seine Stelle als Außenminister getretene Ssazonow stand ganz unter seinem Einfluß[3]). Gleichzeitig mit seiner Ernennung nach Paris war Georges Louis, einer der hervorragendsten Beamten des französischen Außenministeriums zum französischen Botschafter in Petersburg ernannt worden. Seine Politik war derjenigen Iswolskis diametral entgegengesetzt. Er sah seine Aufgabe darin, für die Erhaltung des Friedens zu wirken. Dadurch sah sich Iswolski in seinen Kriegsplänen gestört. Mit Poincaré war im Januar 1912 eine ihm völlig gleichgesinnte Seele französischer Außenminister geworden. Iswolski und Ssazonow verlangten nun von ihm die Abberufung von Louis, und Poincaré ließ auf ihren Wunsch am 17. Mai 1912 durch den „Temps" der Welt verkünden, daß Louis aus Gesundheitsrücksichten um seine Entlassung gebeten habe. Derjenige, der Louis telegraphierte, um diese einzukommen, war Maurice Paléologue, von 1907 bis 1912 französischer Gesandter in Sofia, also ganz in die russischen Balkanintrigen verstrickt, den Poincaré zum Direktor im französischen Außenministerium gemacht hatte, als er selbst Ministerpräsident und Außenminister geworden war. Aber Georges Louis fühlte sich ganz gesund, und der Versuch, ihn abzurufen, schlug fehl. Es ist bemerkenswert, daß Jaurès schon damals hervorgehoben hat, daß das Vorgehen Iswolskis für Europa furchtbar sein werde.

---

[1]) Siehe Boghitschewitsch, S. 127, 129; Deutsches Weißbuch „Deutschland schuldig?", S. 125, 126, 127.

[2]) Abgedruckt bei Boghitschewitsch, S. 139.

[3]) Vgl. darüber Fernand Gouttenoire de Toury, Poincaré a-t-il voulu la guerre? Poincaré et Iswolsky contre Georges Louis. Paris 1920.

Maurice Paléologue hat neuerdings in eitler Ruhmredigkeit erzählt[1]), was er und Poincaré gemeinsam mit Iswolski getan haben, um den Krieg herbeizuführen. Angefangen vom Mai 1912 hätten am Quai d'Orsay unter dem Vorsitz von Poincaré geheime Zusammenkünfte stattgefunden, an denen außer Paléologue der Kriegsminister Millerand, der Generalstabschef Joffre, der Marineminister Delcassé, der Admiralstabschef Aubert teilgenommen hätten; in ihnen ist der Krieg gegen Deutschland vorbereitet worden. Poincaré ist dann im August 1912 selbst nach Petersburg gefahren, um, unter Umgehung seines widerstrebenden Botschafters Louis, das nötige Einverständnis mit Rußland herbeizuführen. Man hat dort von ihm die Einführung der dreijährigen Dienstzeit in Frankreich verlangt. Mit dem Versprechen, sie zur Annahme zu bringen, ist er aus Rußland zurückgekommen. Als im Frühjahr 1913 ein neuer Präsident der französischen Republik gewählt werden mußte, war Poincaré einer der Kandidaten. Er blieb bei der von den Republikanern am 16. Januar vorgenommenen Vorwahl mit 272 Stimmen in der Minderheit gegen 283, die auf Pams sich vereinigten. Darauf bewarb er sich um die Stimmen der Monarchisten und wurde mit ihrer Hilfe gewählt; die „Autorité" der Herren Cassagnac hat dazu geschrieben[2]): „Gewählt gegen die Partei, mit der er zu regieren berufen ist, wird er in ein Abenteuer verwickelt werden, dessen Ausgang niemand vorhersehen kann." Das Bewußtsein war allgemein, seine Wahl bedeute den Krieg.

Am 18. Februar 1913 ist Poincaré in das Elysée eingezogen. Seine erste Tat war die Abberufung von Louis aus Petersburg und die Ernennung von Delcassé zum französischen Botschafter am russischen Hof. Delcassé ging hin als der Vertreter der Revanche und fand bei Ssazonow begeisterte Aufnahme. Von dem Ministerium Poincaré datiert, wie Baron Guillaume, der belgische Gesandte in Paris, nach Brüssel in steigender Besorgnis immer wieder berichtet[3]), das Wiedererwachen der militaristischen und chauvinistischen Instinkte des französischen

---

[1]) Maurice Paléologue, La Russie des Tsars pendant la grande guerre. Revue des deux mondes, 15. Janua 1921.

[2]) Gouttenoire de Toury, S. 120.

[3]) Belgische Aktenstücke Nr. 99, S. 116; Nr. 101, S. 118; Nr. 104, S. 122; Nr. 107, S. 125 u. a. a. O.

Volks, und am 16. Januar 1914 schreibt er[1]) von den „Herren Poincaré, Delcassé, Millerand und ihren Freunden, die die nationalistische, militaristische und chauvinistische Politik erfunden und befolgt haben, deren Wiedererstehen wir festgestellt haben. Sie bildet eine Gefahr für Europa und für Belgien."

Aber trotz „der ausgezeichneten Vorbereitungen und Durchführung der Propaganda zu gunsten des Gesetzes über die dreijährige Dienstzeit, durch die ein Wiedererwachen des Chauvinismus herbeigeführt werden sollte[2])", befürchtete Paléologue, daß sie durch den Pazifismus der Sozialisten und der radikalen Partei unter Caillaux neutralisiert werden könne. Die republikanische Mehrheit im Parlament sei für Abrüstung gewesen. Es sei Gefahr gewesen, erzählt er[3]), daß die Kammer, in der die Macht der Sozialisten im Wachsen gewesen, bei Ausbruch der Krise den Frieden vorgezogen hätte, unter Preisgabe der Allianz mit Rußland. Insbesondere fürchtete er, daß Caillaux Ministerpräsident werden könne. Daher er, als Doumergue ihm am 28. September 1913 den Botschafterposten in Petersburg angeboten, diesen abgelehnt und ihn erst angenommen habe, als ihm nach der Wahl Poincarés zum Präsidenten der Republik der Ministerpräsident Viviani das Versprechen gegeben, daß er an der Rußland zugesagten dreijährigen Dienstzeit festhalten werde und daß Paléologue dem Zaren dies melden dürfe. Bevor Paléologue darauf nach Petersburg abreiste, habe er eindringlich Viviani ermahnt, die vom Deutschen Kaiser nach Kiel Eingeladenen davor zu warnen, dieser Einladung Folge zu leisten, da dieser mit solchen Liebenswürdigkeiten nur eine doch unmögliche Annäherung an Frankreich verfolge[4]).

---

[1]) Ebenda Nr. 110, S. 127.

[2]) Worte des Barons Guillaume vom 12. Juni 1913. Belgische Aktenstücke Nr. 107, S. 125.

[3]) Revue des deux mondes a. a. O. S. 227.

[4]) Vgl. dazu auch bei F. Thimme, Preußische Jahrbücher, April 1921, S. 64 den Erlaß Poincarés von 1912 an den französischen Botschafter in Berlin: „Die deutsche Regierung scheint mit unermüdlicher Hartnäckigkeit eine Annäherung (an Frankreich) zu verfolgen, welche nur durch Rückgabe von Elsaß-Lothringen möglich werden würde. Wenn wir auf solche Annäherungsvorschläge eingingen, würden wir uns mit England und Rußland überwerfen. Wir würden alle guten Ergebnisse der Politik einbüßen, die Frankreich seit langen Jahren verfolgt hat."

10. Aber alle russisch-französischen Intrigen wären nicht imstande gewesen, zur Entfesselung des Weltkrieges zu führen, hätte nicht die freihandelswidrige Verweigerung der Freiheit der Meere durch Großbritannien und die dadurch für Deutschland hervorgerufene Notwendigkeit, seinen Handel gegen britische Vergewaltigung durch den Bau einer eigenen Flotte zu schützen, beide in Gegensatz zueinander gebracht.

Seit nach dem Fehlschlagen der Bündnisangebote, die England Deutschland gemacht hatte, Sir Edward Grey dem französischen Botschafter in London die Zusage gemacht hatte, daß England in einem deutsch-französischen Krieg Frankreich zur Hilfe kommen werde, falls die öffentliche Meinung in England dessen Teilnahme von ganzem Herzen billigen würde, hat die englische Regierung ihr Möglichstes getan, das englische Heer so umzugestalten, daß es, falls es zum Kriege komme, kampffähig wäre. Haldane war damals Kriegsminister. Er ist mit Deutschland und seiner Kultur wie kaum ein anderer Engländer vertraut und war zudem am Berliner Hof sehr beliebt. Wie er selbst erzählt[1]), hat er sich das deutsche Heer bei der Reform des englischen zum Muster genommen. Nach dem Muster des deutschen Generalstabs hat er einen englischen geschaffen. Nach dem Muster der deutschen Mobilmachung hat er Vorsorge getroffen, daß das englische Heer die von seinem Generalstab geplanten Stellungen in kürzester Frist einnehmen könne. Zu dem Zweck hat er rechtzeitig Besprechungen mit den maßgebenden Persönlichkeiten in Belgien und Frankreich veranlaßt; denn der deutsche Einmarsch über Belgien im Falle eines Kriegs mit Frankreich ist während der letzten Jahre vor Kriegsausbruch mit vollkommener Offenheit in der militärischen Literatur behandelt worden[2]). Er hat die englische Armee, die seit Jahrzehnten nur Kriege in fernen Weltteilen geführt hatte, so umgebildet, daß sie fähig war, dem deutschen Heere entgegenzutreten. Dabei ist er in dem Buche, das über seine Tätigkeit

---

[1]) Viscount Haldane, Before the war. London 1920, S. 23 u. a. a. O.

[2]) Siehe auch Veit Valentin, Deutschlands Außenpolitik von Bismarcks Abgang bis zum Ende des Weltkriegs. Berlin 1921, S. 242ff. Übrigens hatten auch die Engländer, worauf ich noch zu sprechen kommen werde, die Landung in Belgien und die Franzosen den Einmarsch in Belgien, unbekümmert um die Zustimmung der belgischen Regierung, in Aussicht genommen.

vor dem Krieg berichtet, voll Anerkennung für das Entgegenkommen, das er in Berlin, besonders beim Kaiser, bei seinen Studien über die Organisation des preußischen Kriegsministeriums gefunden habe; übrigens sei ihm nichts mitgeteilt worden, was in seinen allgemeinen Zügen in Deutschland ein Geheimnis gewesen sei; trotzdem mag es dahingestellt bleiben, ob ein anderer, der so intensives Interesse für deutsche Heereseinrichtungen bewiesen hätte, ohne dieses besondere Entgegenkommen des Kaisers nicht als Spion verfolgt worden wäre. Wirkte es einerseits befremdend, daß England das persönliche Vertrauen, das ein Kriegsminister in Berlin genoß, dazu gebraucht hat, sich bei demjenigen, gegen den der Krieg sich richten sollte, zu unterrichten, wie man Krieg führt, so ist die Mitteilsamkeit des Kaisers andererseits ein Beweis, daß der gegen England gerichtete Björkö-Vertrag nicht den Zweck hatte, den Krieg gegen England vorzubereiten, sondern England durch Isolierung von einem Krieg abzuhalten. Niemand ladet einen anderen ein, die eigene Kriegsorganisation zu studieren, wenn er gegen ihn Krieg führen will.

Während man in Deutschland die Bestrebungen Englands, ein kampftüchtiges Heer aufzubauen, in dieser Weise förderte, verhielt man sich in England umgekehrt zu dem Streben der Deutschen, durch den Bau einer Flotte ihren Handel zu schützen. Auch haben das bramarbasierende Auftreten des Kaisers und die Englandshetze der Alldeutschen hier den Feinden Deutschlands direkt in die Hände gearbeitet. 1896 hatte Deutschland nur erst drei Kreuzer besessen. 1897 fiel der Ausspruch des Kaisers: „Der Dreizack gehört in unsere Faust.“ Von da ab in fünfzehn Jahren vier große Flottenvorlagen und kaum, daß eine angenommen war, ein neuer Ausspruch des Kaisers, der die Seegewalt für Deutschland in Anspruch nahm. Anfänglich hatte man in England den deutschen Flottenbau nicht ernst genommen. Aber schon 1904 fing König Eduard an, sich ernste Gedanken zu machen, als der Kaiser ihm in Kiel vorführte, was alles Deutschland in kurzer Zeit mit relativ geringen Mitteln geschaffen hatte, und in einem Trinkspruch „die wiedererstarkende Seegeltung des neugeschaffenen deutschen Reichs“ feierte[1]). Darauf Konzentrierung britischer Geschwader gegen Deutschland seitens des britischen Seelords Fisher und im Februar 1905

[1]) Siehe Alfred von Tirpitz, Erinnerungen. Leipzig 1920, S. 172.

die schon erwähnte Rede des Zivillords der Admiralität Lee, die britische Flotte würde gegebenenfalls den ersten Schlag zu führen wissen, noch ehe man auf der anderen Seite der Nordsee Zeit gehabt hätte, die Kriegserklärung in der Zeitung zu lesen[1]). Die Folge war ein stürmisches Verlangen des deutschen Flottenvereins nach starker Mehrung der deutschen Flotte. Im Jahre 1906 wurden die sechs großen Kreuzer, die der Reichstag 1900 abgelehnt hatte, nachgefordert[2]) und die Mittel, die der Übergang zu dem Dreadnoughtsystem erheischte, verlangt, und nun setzte eine direkt lügenhafte Agitation Admiral Fishers gegen Deutschland ein. Um dem britischen Steuerzahler die Bewilligung von acht Dreadnoughts statt vier mundgerecht zu machen, gebrauchte man, was Fisher später selbst einräumte, den Trick, der britischen Flotte in ihrem zeitigen Zustand von 1908 die deutsche Flotte in ihrem erst 1920 zu erreichenden Zustand gegenüberzustellen[3]). General Baden Powell schilderte eine deutsche Invasion als bevorstehend[4]). Die phantastischsten Gerüchte über deutsche Spione, die sich in England herumtrieben, fanden selbst in ernsthaften Zeitschriften Verbreitung. Der Steuerzahler wurde als Folge von Haß gegen Deutschland erfüllt, das ihm die Opfer, welche die Gegenmaßnahmen erheischten, aufnötige. Da schrieb der Kaiser an den Ersten Lord der Admiralität einen Brief, der irrigerweise als Versuch, den englischen Marine-Etat zu beeinflussen, gedeutet wurde[5]). Darauf ein Artikel des Vorsitzenden der Reichsflottenliga Lord Esher in der „National Review", daß England für jedes deutsche Kriegsschiff zwei baue, und eine Rede Sir Edward Grey's, daß eine Herabminderung der britischen Flottenrüstung zwar erwünscht sei, aber nur im Einvernehmen mit anderen Nationen stattfinden könne.

Da fanden sich Sir Ernest Cassel, ein geborener Deutscher, der es in London zu einem der erfolgreichsten Finanziers der Welt gebracht hatte, mit Albert Ballin, dem großen deutschen Reeder im Sommer 1908 zu einer Beratung zusammen[6]), ob nicht durch eine Verständigung über

---

1) Tirpitz, S. 174.
2) Ebenda S. 173.
3) Ebenda S. 176, 177.
4) Huldermann, Albert Ballin, S. 208.
5) Ebenda S. 207.
6) Huldermann, Albert Ballin, S. 208ff.

den Flottenbau dem Zusammenstoß von England und Deutschland und damit dem Weltkrieg vorgebeugt werden könne; denn „die Sorge vor der deutschen Gefahr sei die treibende Kraft für die ganze Entente-Politik und diese ein Beruhigungsmittel für jene". Es fanden auch Verhandlungen statt; sie zogen sich jahrelang hin. Am 14. Juli 1910 sagte Asquith, es habe keine Verständigung mit Deutschland in Flottensachen stattgefunden; aber 1911 bis 1912 laufe das in Deutschland derzeit geltende Flottengesetz ab. Dann bestehe Hoffnung auf Verständigung. Am 16. Mai 1911 kam der Kaiser nach London zur Enthüllung des Standbildes der Königin Victoria, wobei er einen warmen Empfang fand[1]). Kaum war er abgereist, erfolgte die Entsendung des „Panther" nach Agadir, die Drohrede Lloyd Georges, am 4. November das Abkommen zwischen Frankreich und Deutschland über Marokko, und zu Beginn 1912 wieder englische Presseäußerungen zugunsten einer Verständigung mit Deutschland unter der Befürwortung eines Entgegenkommens Englands gegenüber den deutschen kolonialen Bestrebungen.

Da haben Sir Ernest Cassel und Albert Ballin ihre Vermittlungsversuche wieder aufgenommen[2]). Als Ergebnis derselben wurde Lord Haldane vom Reichskanzler von Bethmann Hollweg nach Berlin eingeladen. Es stand eine neue Flottenvorlage bevor; da man in England erwartet hatte, daß das mit 1911/1912 ablaufende deutsche Flottenprogramm das letzte sei, befürchtete der Reichskanzler von ihr eine neue Verschlechterung der deutsch-englischen Beziehungen; ihr wollte er vorbeugen. Am 7. Februar 1912 wurde die Flottenvorlage in der Thronrede angekündigt; und am 8. Februar traf Haldane unter der Zustimmung des britischen Kabinetts in Berlin ein.

Es wäre damals zu einer Verständigung gekommen, wenn ihr nicht Sir Edward Greys Verpflichtung „in Ehren", daß England in einem deutsch-französischen Kriege auf seiten Frankreichs kämpfen würde, im Wege gestanden hätte. Denn nicht, daß man sich über das Stärkeverhältnis der beiderseitigen Flotten nicht einigen konnte, ist die Ursache des Scheiterns der Verhandlungen gewesen. Winston Churchill, der damals der erste Lord der Admiralität war, ist auf das von Tirpitz vor

[1]) Haldane, S. 53; W. S. Blunt, My diaries, II, S. 362, 492.
[2]) Siehe darüber Huldermann, Albert Ballin, S. 246—270.

geschlagene Verhältnis von 10 : 16 später eingegangen[1]), und Deutschland wäre eventuell zu weiteren Konzessionen bereit gewesen unter der einen Bedingung, daß sich England verpflichte, im Falle eines deutschen Kriegs gegen eine oder mehrere andere Mächte Deutschland gegenüber wohlwollende Neutralität zu wahren und sich zu bemühen, daß der Krieg möglichst lokalisiert bleibe[2]). Haldane mußte dies mit Rücksicht auf die von Sir Edward Grey den Franzosen und Russen gegebenen Versprechungen ablehnen. Das hat er auch unter dieser Motivierung getan[3]). Da England somit keine Gegenwerte zu bieten hatte, war auch für Deutschland kein Anlaß, sich zu binden. Daß Haldane bei dieser Gelegenheit dem deutschen Reichskanzler die Versicherung gab, England habe keine geheimen militärischen Abmachungen, hat zwar, wie er schreibt[4]), dessen Gemüt erleichtert, war aber, wie wir heute wissen, mit der Wahrheit nicht übereinstimmend.

Tirpitz berichtet[5]), daß ihm der Kaiser erzählt habe, die englische Regierung habe nach Verweigerung des von Bethmann Hollweg verlangten Neutralitätsabkommens sich zu dem Versprechen bereit erklärt, sich an „unprovozierten Angriffen" gegen uns nicht zu beteiligen, eine Formulierung, die ihr völlige Aktionsfreiheit gelassen hätte; für diese nichtssagende Freundlichkeit habe sie zwei Bedingungen an den Kaiser gestellt, erstens, daß die Flottennovelle ganz fiele, und zweitens, daß Bethmann Hollweg Reichskanzler bliebe. Diese Zumutungen wurden selbstverständlich als Einmischung in die Inneren Angelegenheiten Deutschlands zurückgewiesen. Die Verhandlungen wurden darauf in Berlin als abgebrochen betrachtet. Bethmann Hollweg hat, wie er an Ballin schrieb[6]), „die Aufgabe als innerlich unlöslich" erachtet. Sie ist dies aber nur infolge der Verlogenheit beider Teile gewesen.

Das ganze Triumvirat Asquith, Grey, Haldane und ebenso Winston Churchill, Lloyd George, Mac Kenna haben sich zum Freihandel bekannt. Lord Haldane erzählt in seinem Buche[7]), wie er 1906 dem Kaiser dar-

---

1) Tirpitz, Erinnerungen, S. 201.
2) Haldane, a. a. O. S. 64ff.
3) Haldane, S. 58ff.
4) Ebenda.
5) Tirpitz, Erinnerungen, S. 202ff.
6) Huldermann, Albert Ballin, S. 266.
7) Haldane, S. 39ff., 43.

gelegt habe, wie der Freihandel die Beziehungen zwischen England und Deutschland freundlich gestalten würde; der Kaiser habe geantwortet, auch nach seiner Meinung sei der Freihandel die für Deutschland richtige Politik, und selbst Fürst Bülow, der jene Hochschutzzollpolitik inauguriert und zu verantworten hatte, deren alle bis dahin erhörten Sätze übertreffender Tarif gerade damals praktisch ins Leben trat, habe Haldanes Darlegung zugestimmt, daß der freie Austausch zwischen Deutschland und England und dessen Besitzungen zu freundlichen Beziehungen zwischen den beiden Ländern und einem großen Aufschwung führen werde. Aber das damalige englische Ministerium bestand nur zum Teil aus ehrlichen Freihändlern, die wie Campbell-Bannerman, Lord Loreburn, Lord Morley of Blackburn, John Burns, und wie unzählige englische Industrielle und Kaufleute den Freihandel im Sinne Richard Cobdens erfaßt hatten; die meisten und darunter vor allem Haldane selbst gehörten zu jenen von den Liberalen abgefallenen Imperialisten, die in der Ausbreitung der britischen Herrschaft über den Erdball die Aufgabe Englands erblickten. Anderenfalls hätte er das Bekenntnis des deutschen Kaisers zum Freihandel und die zustimmenden Äußerungen Bülows zu seinen eigenen Ausführungen benützt, um im Sinne des Briefes Cobdens an Ashworth[1]) Deutschland das Anerbieten zu machen, im Verein mit ihm die Tradition Sir Robert Peels und der alten preußischen Handelspolitik wieder aufzunehmen, gemeinsam mit ihm für die Annahme einer Freihandelspolitik seitens aller Länder zu wirken und dafür die Freiheit der Meere anzuerkennen und damit auf alle Ansprüche Englands auf Seeherrschaft zugunsten einer internationalen Seepolizei zu verzichten. Damit hätte alle Flottenrivalität von selbst aufgehört und damit aller Anlaß zur Feindseligkeit zwischen England und Deutschland[2]). Dieser Verstoß Englands gegen sein eigenes Prinzip ist, wie oben schon dargelegt, sein Anteil an der Schuld am Kriege.

Nach dem Scheitern des englisch-deutschen Verständigungsversuches sind übrigens die Beziehungen zwischen London und Berlin sehr herzliche

[1]) Siehe oben S. 25, Anm. 1.

[2]) Ich habe dies schon vor dem Kriege ausgeführt. Siehe „Friedens-warte" 1912, Nr. 7, ferner meine Schrift „Ist das ‚System Brentano' zusammengebrochen?" Berlin 1918, S. 59ff., in der ich auch den Anteil, den Deutschland durch seine Abweichung vom Freihandel an dieser Schuld hat, eingehend dargelegt habe.

geworden[1]). Das englische Königspaar kam zur Hochzeit der Tochter des deutschen Kaisers am 24. Mai 1913 nach Berlin, und der belgische Gesandte in Berlin meinte[2]), daß dieser Besuch in den Augen Europas als Bestätigung und Bekräftigung der Annäherung erscheine, die sich zwischen Deutschland und England vollzogen habe. In der Tat kam es auch in dem auf die Hochzeit folgenden Jahre zu einem Deutschland wie England befriedigenden Kolonialabkommen, das 1914 zur Unterzeichnung bereit lag[3]), als der Weltkrieg ausbrach.

Auch der Zar ist zur Hochzeit der Tochter des Kaisers in Berlin erschienen. Allein wenn der belgische Gesandte auch in dessen Teilnahme einen neuen Beweis für die guten Beziehungen zwischen den beiden Nachbarreichen erblickt hat, war er im Irrtum. Der Zar hat wenige Monate nach der Hochzeit, im November 1913, auf Antrag seines Außenministers Ssazonow, genehmigt, daß ein umfangreiches Aktionsprogramm ausgearbeitet werde, um eine für die Russen günstige Lösung der Meerengenfrage herbeizuführen[4]). In der darauf folgenden Sitzung der bei Ausbruch eines Krieges am meisten interessierten Behörden, am 21. Februar 1914, hat Ssazonow ausdrücklich erklärt[5]),

---

[1]) Vgl. auch Haldane, S. 72.

[2]) Baron Beyens, Depesche vom 26. Mai 1913. Belgische Aktenstücke Nr. 106, S. 123. Bemerkenswert ist, daß schon vor der Hochzeit, am 23. März 1913, der serbische Gesandte in Paris an den Minister Paschitsch nach Belgrad telegraphiert hat, er wisse aus sehr zuverlässiger Quelle, daß die Wirkung, welche die Anwesenheit des englischen Königspaares auf die öffentliche Meinung haben werde, durch eine andere Manifestation im Sinne des Dreiverbands paralysiert werden solle, und daß diese letztere eine sehr viel größere Bedeutung haben werde. (Boghitschewitsch, S. 169.) Ich kann nicht sagen, ob die so angekündigte Manifestation erfolgt ist.

[3]) Vgl. darüber Haldane, S. 72, 145; Huldermann, S. 271.

[4]) Russische Geheimdokumente, S. 308.

[5]) Siehe das Sitzungsprotokoll ebenda S. 314. Es äußerte der Chef des russischen Generalstabs: „Die Meerengen haben eine solche enorme Bedeutung in den Augen eines jeden Russen, daß, wenn die Gefahr ihres Übergangs aus der Herrschaft der Türkei in andere Hände heranrücken sollte, wir auf ihre Besitzergreifung nicht Verzicht leisten können, folglich also sofort eine Landungsarmee nach Konstantinopel schicken müssen. Der Minister des Äußern drückte den Wunsch aus, daß das erste Echelon der Landungsarmee . . . innerhalb vier bis fünf Tagen nach Erklärung der Mobilisation nach dem Bosporus geschafft werde."

daß man nicht vorraussetzen könne, daß eine russische Aktion außerhalb eines europäischen Krieges unternommen werden könne; er war sich also voll bewußt, daß die in Aussicht genommene Aktion zum Weltkrieg führen werde. Schon drei Wochen vorher, am 2. Februar 1914, hatte der Zar den serbischen Ministerpräsidenten Paschitsch abermals empfangen und sich von ihm unterrichten lassen, wieviel Truppen Serbien zu stellen vermöge. Als Paschitsch eine halbe Million gut gekleideter und bewaffneter Soldaten nannte, hat er dies als genügend bezeichnet, ja sogar als Paschitsch für den Sohn des früheren „Genossen"[1]) Peter Karageorgowitsch um eine Tochter des Zaren als künftige Königin von Serbien warb, hat der in Sozialisten- und Verschwörerfurcht seine Lebensfreude verkümmernde Sohn Alexanders III. dies freundlich aufgenommen, denn „für Serbien können wir alles tun"[2]).

11. Darauf beginnen die Probemobilmachungen Rußlands; es wird sogar behauptet, die mobilgemachten Truppen seien nicht wieder demobilisiert und die Probemobilmachungen bis zum Kriegsausbruch fortgesetzt worden[3]). Am 13. Juni veröffentlicht die „Birschewija Wjedomosti" eine vom russischen Kriegsministerium an das verbündete Frankreich gerichtete Mahnung mit der Überschrift: „Rußland ist fertig, Frankreich muß ebenfalls fertig sein", die das größte Aufsehen erregt[4]). Da erfolgt am 28. Juni 1914 die Ermordung des österreichischen Thronfolgers Erzherzogs Franz Ferdinand in Sarajevo; daß die Zündschnur der Bombe, die ihn und seine Gemahlin tötete, von Belgrad aus in Brand gesteckt wurde, steht heute fest; auch besteht der „Verdacht, daß Ssazonow", als er kurz vorher mit dem Zaren in Konstanza zum Besuch des rumänischen Königs gewesen war, „damals bereits wußte, daß serbischerseits etwas gegen Österreich-Ungarn geplant werde"[5]).

Sehr bald darauf, im Juli 1914, während schon ganz Europa in

---

[1]) Georg von Vollmar hat mir vor Jahren erzählt, daß zur Zeit, da er in Zürich studierte, Peter Karageorgowitsch ebenda Mitglied der sozialdemokratischen Partei gewesen sei.

[2]) Siehe Boghitschewitsch, S. 170—180; Deutsches Weißbuch ‚Deutschland schuldig?", S. 130—136.

[3]) Boghitschewitsch, S. 82.

[4]) Siehe Graf Max Montgelas und Prof. Walter Schücking, Die deutschen Dokumente zum Kriegsausbruch. Charlottenburg 1919, I, Nr. 1—3.

[5]) Czernin, a. a. O., S. 117.

Schrecken den Ausbruch eines Kriegs von unabsehbarer Tragweite befürchtet, reist Poincaré nach Petersburg. Es war dies, wie ihm Ernest Renauld in siegreicher Diskussion entgegengehalten hat[1]), eine „an Wahnsinn grenzende Unvorsichtigkeit", wenn er den Krieg nicht wollte. Aber er wollte den Krieg. Ich habe bereits erzählt[2]), wie er schon als Ministerpräsident den auf Erhaltung des Friedens bedachten französischen Botschafter Louis aus Petersburg zu entfernen gesucht hat, wie er von dort die ihm von der russischen Kriegspartei auferlegte Verpflichtung zur Einführung der dreijährigen Dienstzeit in Frankreich zurückgebracht hat, wie er im Gegensatz zur friedlich gesinnten Mehrheit der Republikaner Präsident geworden, wie sein erster Akt als solcher die Ersetzung des Botschafters Louis durch Delcassé, die Verkörperung der Revancheidee, gewesen ist, wie er und Iswolski, dessen einziger Gedanke der Krieg war, sich in allem, was diesen förderte, sich zusammengefunden, und wie er und Paléologue jedwede Annäherung von Deutschland und Frankreich, die den Krieg hätte verhindern können, geflissentlich hintertrieben haben; wie ihre einzige Sorge war, die friedlich gesinnte Kammermehrheit könne bei Ausbruch der Krisis den Frieden vorziehen, und insbesondere Caillaux, der 1911 die Lösung der durch Agadir herbeigeführten Schwierigkeiten ohne Krieg fertig gebracht hatte, könne wieder Ministerpräsident werden.

Und nun hat sein Bewunderer Paléologue voll Stolz erzählt[3]), wie er selbst und Poincaré, nachdem dieser am 20. Juli in Petersburg angekommen war, den zögernden Zaren in den Krieg hineingehetzt haben. Der Zar hat immer noch Angst, ob England, von dem er nichts Schriftliches hat, auch wirklich mittun wird, wenn es zum Kriege kommt; denn bei der Schlauheit Greys, der es aus parlamentarischen Gründen abgelehnt hatte, die Verpflichtung Englands „in Ehren" in einem geschriebenen Vertrag zu besiegeln, ist ihm nicht geheuer; und als Paléologue ihm vorlügt, die Kriegsstimmung sei in Deutschland der Art, daß der geringste Vorfall in Marokko oder im Orient zum Ausbruch des Kriegs führen könne, schüttelt der Zar den Kopf: „wenn Sie Wil-

[1]) Die Diskussion fand statt in der Pariser Zeitung „La Lanterne" vom 4., 5., 6., 7. und 8. Oktober 1921. Auch abgedruckt in „Rassegna internationale", Nov. 1921, S. 1074—1094.

[2]) Siehe oben S. 62ff.

helm II. kennten wie ich! wenn Sie wüßten, welcher Charlatinismus sein Sichgeben bestimmt!“ Aber dann nimmt, wie Paléologue mitteilt, Poincaré, sobald er gelandet, den Zaren ganz in die Hand. Mit Begeisterung berichtet Paléologue von der Hetze der Großfürstinnen Anastasia und Militza, der beiden Montenegrinerinnen. Sie hatten gerade von ihrem Vater ein Telegramm erhalten, wonach Ende des Monats der Krieg ausbrechen solle. Im Jahre 1912 war Anastasia in Lothringen mit bei den Manövern gewesen und hat in einer Bonbonnière Erde von dort mitgenommen. „Der Krieg“, ruft sie, „wird ausbrechen.. Von Österreich wird nichts übrig bleiben.. Ihr werdet Elsaß-Lothringen wiedernehmen.. Unsere Armeen werden in Berlin zusammentreffen.. Deutschland wird vernichtet.“ Man merkt aus dem Berichte Paléologues, mit welcher Wonne er solche Worte geschlürft hat, und mit Begeisterung erzählt er, mit welchem Verständnis der Trinkspruch aufgenommen worden sei, den Poincaré bei seiner Abschiedsfeier wie eine Fanfare hinausgeschmettert hat: „Die beiden Länder haben dasselbe Friedensideal, Stärke, Ehre und Würde.“ „Ein Sturm von Beifall folgte. Der Großfürst Nikolaus, die Großfürstin Anastasia, nachdem sie auf den uns ringsum umgebenden kriegerischen Apparat bedeutungsvoll hingeblickt, warfen mir“, erzählt Paléologue, „flammende Augen zu.“ Noch ein Jahr später, mitten im Krieg, sagt der Zar zu Cruppi[1]), der 1915 Correspondent des „Matin“ in Petersburg war: „Ich habe stets in meinem Geiste die so feste Sprache gegenwärtig, die mir der Präsident der Republik am 22. Juli 1914 im Augenblick, da er Rußland verließ, gehalten hat.“ Hier haben wir das Zeugnis des Zaren selbst, wer ihn zum Kriege scharf gemacht hat noch am Tage, bevor die österreichisch-ungarische Regierung ihren Feinden mit dem Schritte entgegenkam, der zum Weltkrieg, damit zum Untergang der österreichisch-ungarischen Monarchie und zu unsäglichem Elende nicht nur Deutschlands, sondern ganz Europas führen sollte.

12. Ich habe schon von der unverantwortlichen Haltung der ungarischen Agrarier gegenüber den Serben gesprochen. Die Ungarn haben die Serben schlimmer behandelt wie England im 18. Jahrhundert seine nordamerikanischen Kolonien. Wie England diese vom Handel mit

---

[1]) Von diesem im Pariser „Matin“ vom 26. August 1915 veröffentlicht.

aller Welt außer ihm selbst, so wollte Ungarn die Serben vom Handel mit der übrigen Welt absperren und außerdem die serbischen Produkte selbst nur abnehmen, wann und zu welchen Bedingungen es ihm paßte. Wie die englische Kolonialpolitik des 18. Jahrhunderts die Neu-England-Staaten zur Revolution, so hat der Neo-Merkantilismus der Ungarn die Serben in die Arme der Russen getrieben. Das war in dem Maße der Fall, daß nach Mitteilung des Grafen Czernin[1]) der kluge und klarblickende österreichisch-ungarische Botschafter in Konstantinopel, Markgraf Pallavicini, ihm kurz vor Kriegsausbruch gesagt hat, „er sähe die einzige Möglichkeit, einem Kriege mit Rußland auszuweichen, darin, daß wir (d. h. Österreich-Ungarn) auf unseren Einfluß auf dem Balkan verzichteten und Rußland das Feld räumten. Pallavicini war sich vollständig klar darüber, daß ein solcher Entschluß unsere Abdankung als Großmacht bedeuten würde, aber es schien mir (dem Grafen Czernin), daß er selbst diese harte Eventualität dem Kriege, den er kommen sah, vorzog". Als nun der Thronfolger von serbischer Mörderhand fiel, wäre für Wien eine außerordentliche Gelegenheit gewesen, sich aus einer unhaltbar gewordenen Stellung in Ehren zurückzuziehen; es hätte nur in der, um sein Ansehen gegenüber Serbien zu wahren, über dieses verhängten Strafe Maß halten und dann auf Grundlage von Prinzipien, die den Aspirationen seiner Völker entsprachen, die Donaumonarchie neu aufbauen müssen. Denn nicht nur Wilhelm II. war voll Entsetzen über die Mordtat[2]); die ganze

---

[1]) Czernin, a. a. O., S. 10.

[2]) Sogar Take Jonescu hat nach Eintreffen der Nachricht im Salon des Grafen Czernin in Bukarest heiße Tränen geweint (Czernin, S. 114); in der Wiener „Neuen Freien Presse" (Nr. 17 911) erschien ein von der russischen Botschaft inspirierter Artikel: „Wie uns von besonderer Seite mitgeteilt wird, sind in Rußland alle Kreise einig in der Verurteilung des Attentats in Sarajevo. Die vielfach in der österreichisch-ungarischen Presse veröffentlichte Anschauung, als ob Rußland dagegen protestieren würde, wenn Österreich-Ungarn von Serbien eine Untersuchung in Belgrad verlangte, entbehrt jeglicher Begründung. Das monarchische Prinzip hat im Zarenreiche so starke Geltung, daß es ganz natürlich erscheint, daß Rußland einen solchen Schritt Österreich-Ungarns nie mißbilligen würde" (Die Deutschen Dokumente zum Kriegsausbruch I, S. 47, Anm. 3); und in England stimmte die Mehrheit mit dem Rufe „John Bulls": „Zur Hölle mit

Welt begriff, daß Serbien ohne Strafe nicht bleiben dürfe. Aber in Wien dachte man anders. Seit Aehrenthal hat man mit großer Kraft und Energie expansive Tendenzen am Ballplatz verfolgt[1]), und der dort maßgebende Tisza widersetzte sich jeder Änderung in der Verfassung zugunsten der Völker Österreichs, die sich durch diese gedrückt fühlten, denn er fürchtete, daß der ungarische Einfluß bei Aufgabe des Dualismus geschwächt werden könnte[2]). So mißachtete denn der österreichisch-ungarische Außenminister Graf Berchtold die Warnung, welche die Wiener russische Botschaft, als sie die „Neue Freie Presse" inspirierte[3]), hinzugefügt hatte, „daß Rußland einer Beeinträchtigung der politischen Selbständigkeit Serbiens nicht ruhig werde zusehen können". Er holte zu einem Streiche aus, der dem kleinen Staate alles weitere feindliche Treiben gegen die österreichisch-ungarische Monarchie verleiden sollte. Er erließ ein Ultimatum an Serbien, das durch seine Schroffheit das Österreich-Ungarn befreundete Deutschland mit Entsetzen erfüllte; in den übrigen Ländern wurde es der Anlaß zum sofortigen Umschlag ihrer durch die Ermordung des Thronfolgers geweckte Sympathie für Österreich-Ungarn in eine serbenfreundliche Stimmung[4]).

Czernin schreibt[5]), es unterliege für ihn gar keinem Zweifel, daß Berchtold an einen Weltkrieg von der Dimension, in der er ausgebrochen, niemals auch nur im Schlafe gedacht habe; und darin mag er recht haben, indem Berchtold auch wachend nicht allzuviel gedacht zu haben scheint. Da war der alte Hohenzoller Carol, der auf dem rumänischen Thron saß, klüger. Als Czernin das an Serbien gerichtete Ultimatum ihm vorlas[6]), hat er ihn, noch bevor er damit zu Ende war, leichenblaß mit dem Rufe unterbrochen: „Das ist der Weltkrieg!" Es dauerte lange Zeit, bevor er sich überhaupt fassen konnte. Der leichtfertige Kavalier aber, der die Außengeschicke der österreichisch-ungarischen Monarchie lenkte, hat

Serbien" überein (J. Cooper Willis, How we went into the war", Manchester 1918, S. 2, 19ff.).

1) Czernin, S. 9.

2) Czernin, S. 183—188.

3) Deutsche Dokumente, Nr. 27.

4) Siehe Czernin, S. 115; J. Cooper Willis, Chapter II; das englische Blaubuch Great Britain and the European Crisis. London 1914, Einleitung, Nr. 5 u. a. a. O.

5) Czernin, S. 12.

6) Czernin, S. 116.

nach Czernin sich gesagt, entweder nehme Serbien das Ultimatum an, und dann habe er einen großen diplomatischen Erfolg erzielt, oder es lehne ihn ab; und dann werde das verbündete Deutschland die österreichisch-ungarische Monarchie schon heraushauen, und der Krieg werde die Wiedergeburt einer neuen und unvergleichlich stärkeren Monarchie bewirken. Graf Berchtold glaubte, den Krieg gegen Serbien lokalisieren zu können. Vielleicht auch, daß man in Wien dachte, der Zar werde sich sagen, was heute in Sarajevo geschieht, kann morgen in Petersburg stattfinden, und sich daher nicht gegen eine, wenn auch strenge Bestrafung Serbiens sträuben. Aber der Zar hatte sich, wie gezeigt, mit Serbien schon zu weit eingelassen. Außerdem hatte Poincaré ihn ja eben erst gegen die verbündeten Mittelmächte scharf gemacht, wessen man in Wien sich völlig bewußt war[1]).

Nichtsdestoweniger hielt Graf Berchtold die Lage nicht für sehr ernst und meinte, daß sie sich aufklären werde[2]). Die deutsche Regierung unterstützte die Lokalisierungsbestrebungen Wiens, indem sie geltend machte, daß die Frage Serbien und Österreich-Ungarn allein beträfe, und daß keine andere Macht in die Erörterungen zwischen den beiden Regierungen eingreifen sollte[3]). Das wäre Sir Edward Grey schon recht gewesen; denn angesichts der Verpflichtung „in Ehren", die er gegenüber Frankreich und durch dessen Bündnis mit Rußland auch diesem gegenüber eingegangen, sie in einem Krieg gegen Deutschland zu unter-

---

[1]) Eben deshalb verschob man in Wien die Überreichung des Ultimatums in Belgrad bis nach der Abfahrt Poincarés aus Petersburg, da man vermeiden wollte, daß bei Champagnerstimmung und unter dem Einfluß von Poincaré, Iswolski und den Großfürsten eine Verbrüderung gefeiert werde, die dann die Stellungnahme beider Reiche beeinflussen und womöglich festlegen werde. (Deutsche Dokumente, Nr. 50.) Dabei heißt es in dem englischen Blaubuch, Nr. 161, Abs. 3, Depesche des britischen Botschafters in Wien an Sir E. Grey: „Von unoffizieller Seite her erfuhr ich am 15. Juli die Ihnen aus folgenden Tagen telegraphisch mitgeteilten Nachrichten, welche das zu Erwartende erörterten." Es ist wahrscheinlich, daß die österreichischen Diplomaten nach dem österreichisch-ungarischen Ministerrat vom 14. Juli überall geschwätzt haben, und sowohl Grey, als auch Poincaré und Ssazonow das Ultimatum bereits kannten, als Poincaré in Petersburg eintraf.

[2]) Engl. Blaubuch, Nr. 1.

[3]) Ebenda, Nr. 2.

stützen, mußte ihm der Gedanke, England Serbiens wegen in einen Krieg verwickelt zu sehen, abscheulich erscheinen[1]). Aber der russische Botschafter in Wien hatte dem dortigen englischen erklärt, daß irgendein Schritt Österreich-Ungarns zur Demütigung Serbiens, Rußland nicht gleichgültig sein könne[2]), und Grey hatte dementsprechend dem deutschen Botschafter in London gesagt, wenn das österreichisch-ungarische Ultimatum an Serbien keine Unstimmigkeiten zwischen Rußland und Österreich zur Folge hätte, werde er sich nicht mit der Sache befassen; sollte aber Rußland das Ultimatum, so wie wahrscheinlich jede andere Macht, der Serbiens Interessen nahe lägen, beurteilen, so werde er angesichts der Art des Ultimatums machtlos sein, mäßigend einzugreifen. Die einzige Aussicht auf den Erfolg eines auf Vermittlung oder Mäßigung gerichteten Vorschlages biete das Zusammenwirken der vier Mächte, Deutschland, Italien, Frankreich und Großbritannien. Aber nur Deutschland vermöge Österreich-Ungarn nach dieser Richtung hin zu beeinflussen[3]).

Nun hatte Grey alsbald nachdem er britischer Außenminister geworden war, schon im Januar 1906, den verschiedenen in London beglaubigten Botschaftern wiederholt gesagt, daß Großbritannien Frankreich gegenüber bezüglich Marokkos Verpflichtungen eingegangen sei, denen es bis zum äußersten nachkommen werde, selbst im Falle eines deutsch-französischen Kriegs und auf alle Gefahr hin[4]). Haldane[5]) hatte 1912 dem deutschen Reichskanzler kein Hehl daraus gemacht, daß England Frankreich zu Wasser und zu Land unterstützen werde, falls es zum Krieg zwischen Deutschland und Frankreich käme. Das gleiche hatte auch der deutsche Botschafter in London, Graf Metternich, in Berlin allzeit vertreten und, als seine Darlegung sehr ungnädige kaiserliche Randbemerkungen erhielt, seine Entlassung genommen[6]). Auch Fürst Lichnowsky hat stets nach Berlin

[1]) Ebenda Nr. 1 i. f.
[2]) Nr. 7. Siehe auch Nr. 6.
[3]) Ebenda Nr. 10, Nr. 11.
[4]) Bericht des belgischen Geschäftsträgers in London, E. van Grootven, an den belgischen Außenminister vom 14. Januar 1906. Belgische Aktenstücke, Nr. 15.
[5]) Haldane, S. 109.
[6]) Huldermann, Albert Ballin, S. 270.

berichtet [1]), daß, falls es zu einem Kriege mit Frankreich käme, Deutschland stets mit der englischen Gegnerschaft rechnen müsse. Es war also eine Warnung, wenn Grey am 24. Juli den deutschen Botschafter dringlich mahnte, Deutschland möge Österreich-Ungarn bewegen, sich zu einer friedlichen Lösung herbeizulassen. Noch deutlicher ist er am 29. Juli geworden, als er dem Fürsten Lichnowsky sagte, eine Einmischung Großbritanniens käme nicht in Frage, wenn Deutschland, oder sogar wenn Frankreich nicht verwickelt würde. Aber die britische Regierung sei sich bewußt, daß, wenn durch die Frage britische Interessen berührt würden und Großbritannien sich daher zum Einschreiten veranlaßt sähe, es das sogleich tun müsse, das heißt ebenso schnell wie die Entscheidung der anderen Mächte fiele[2]).

Der deutsche Reichskanzler v. Bethmann Hollweg hatte seit seinem Amtsantritt die Freundschaft Englands gesucht[3]). Die auf seine Veranlassung stattgehabten Verhandlungen mit Haldane bezweckten nur wieder gutzumachen, was Holstein, Bülow und der Kaiser durch Ablehnung der englischen Bündnisangebote verdorben hatten. Angesichts der so nahe gerückten Möglichkeit einer aktiven Parteinahme Großbritanniens gegen Deutschland, wenn es zu einem Kriege zwischen diesem und Rußland und Frankreich käme, mußte er daher alles tun, eine solche Verwicklung zu verhüten. Er hat daher Grey im Prinzip zugestimmt[4]), als dieser das Ansuchen stellte, Deutschland möge mithelfen, in einem österreichisch-russischen Konflikt zu vermitteln. Nur dem Vorschlage Greys, eine Viermächtekonferenz abzuhalten, glaubte der deutsche Reichskanzler nicht beitreten zu können, nicht nur, weil er an dem Erfolg einer solchen Tagung zweifle, sondern auch weil er der Meinung war, eine derartige Konferenz würde wie ein „Areopag" aussehen, der aus zwei Parteien — jede aus zwei Mächten gebildet —

---

[1]) Fürst Lichnowsky, Meine Londoner Mission 1912—1914 S. 26—30. Siehe auch Deutsche Dokumente, Nr. 265.

[2]) Deutsche Dokumente, Nr. 357. Englisches Blaubuch, Nr. 89. Siehe auch ebenda Nr. 101, 102, 109.

[3]) Siehe sein Gespräch mit dem britischen Botschafter in Berlin, als dieser die britische Kriegserklärung ihm überreichte. Englisches Blaubuch, Nr. 160. — Vgl. auch Haldane, S. 57, 111.

[4]) Englisches Blaubuch, Nr. 71

bestehen würde, und jede dieser Gruppen wäre dann mit der Aufgabe betraut, über die andere zu richten; dabei herrschte ein durch die spätere Haltung Italiens gerechtfertigtes Mißtrauen, daß in dem „Areopag" drei Mächte einer einzigen gegenüberstehen würden. Nichtsdestoweniger erklärte er, sowohl in Wien als in Petersburg sein Bestes tun zu wollen, um die dortigen Kabinette zu bestimmen, sich in freundschaftlicher Weise direkt miteinander auseinanderzusetzen.

Diese nur teilweise zustimmende Haltung des Reichskanzlers gegenüber einer Viererkonferenz wurde zu einer vollen, nachdem der serbische Geschäftsträger in London am 27. Juli die serbische Antwort auf das Ultimatum Sir Edward Grey überreicht hatte. Grey hat darauf dem Fürsten Lichnowsky mitgeteilt, daß Serbien den österreichischen Forderungen in einem Maße entgegenkomme, wie er dies nie für möglich gehalten habe; bis auf einen Punkt, der Teilnahme österreichischer Beamter an den gerichtlichen Untersuchungen, habe Serbien tatsächlich in alles gewilligt, was von ihm verlangt worden sei. Grey bat Deutschland, seinen Einfluß in Wien dahin geltend zu machen, daß man die Antwort aus Belgrad entweder als genügend oder aber als Grundlage für Besprechungen betrachte. Zu dem letzteren fand sich Bethmann Hollweg bereit; er hat dies sofort an die deutschen Botschafter in Wien[1]) und London[2]) telegraphiert. Desgleichen schrieb der deutsche Kaiser[3]) an den deutschen Staatssekretär von Jagow am 28. Juli 10 Uhr vormittags: „Nach Durchlesung der serbischen Antwort, die ich heute morgen erhielt, bin ich der Überzeugung, daß im großen und ganzen die Wünsche der Donaumonarchie erfüllt sind. Die paar Reserven, welche Serbien zu einzelnen Punkten macht, können meinem Ermessen nach durch Verhandlungen wohl geklärt werden. Aber die Kapitulation demütigster Art liegt darin orbi et urbi verkündet, und durch sie entfällt jeder Grund zum Krieg. Dennoch ist dem Stück Papier, wie seinem Inhalt, nur beschränkter Wert beizumessen, so lange er nicht in die Tat umgesetzt wird ... Damit die schönen Versprechungen Wahrheit und Tatsache werden, muß eine douce violence geübt werden. Das würde dergestalt zu machen

[1]) Deutsche Dokumente, Nr. 277.
[2]) Ebenda Nr. 279.
[3]) Ebenda Nr. 293.

sein, daß Österreich ein Faustpfand (Belgrad) für die Erzwingung und Durchführung der Versprechungen besetzte und solange behielte, bis tatsächlich die petita durchgeführt sind" usw.

Somit wollte Wilhelm II., der zuerst für ein festes Auftreten Österreich-Ungarns gegenüber Serbien gewesen[1]), nachdem dieses nachgegeben hatte, keinen Krieg mehr. Die deutschen Dokumente zum Kriegsausbruch zeigen, daß der Kaiser und seine Regierung vom 27. Juli abends, bezw. 28. morgens an sich eifrigst bemüht haben, Österreich-Ungarn von seinen Kriegsabsichten abzubringen[2]). Aber Wien dachte anders. Schon am 28. nachmittags telegraphiert Fürst Lichnowsky an das Auswärtige Amt[3]): „Als die Nachricht am Sonnabend abend hier von der ‚Central News' verbreitet wurde, Serbien habe nachgegeben, waren die genannten Herren (d. h. die Miglieder der österreichischen Botschaft in London) geradezu niedergeschmettert. Graf Mensdorff sagte mir gestern noch vertraulich, man wolle in Wien unbedingt den Krieg, da Serbien ‚niedergebegelt' werden solle". Dementsprechend der weitere Verlauf. Der Reichskanzler telegraphiert sofort dem deutschen Botschafter in Wien von Tschirschky, er möge beim Grafen Berchtold, wie der Kaiser befohlen, vorstellig werden[4]). Der Kaiser selbst telegraphiert dem Zaren, daß er seinen ganzen Einfluß aufbieten werde, um Österreich zu veranlassen, durch sofortiges Handeln zu seiner befriedigenden Verständigung mit Rußland zu kommen, und bittet ihn, seine Bemühungen zu unterstützen, die Schwierigkeiten, die noch entstehen können, zu überwinden[5]). Graf Berchtold aber, um allen Schritten, die den Krieg verhindern könnten, zuvorzukommen, erklärt sofort, am 28. Juli morgens 11 Uhr, Serbien den Krieg[6]). Das veranlaßt Rußland am 29. Juli in den Militärbezirken

[1]) Siehe Goos, Das Wiener Kabinett und die Entstehung des Weltkrieges. Wien 1919, S. 69.

[2]) Poincaré, der sich in seinem Buche über den Ursprung des Kriegs für die entgegengesetzte Behauptung auf die burschikosen Randbemerkungen Wilhelms zu den in den Deutschen Dokumenten abgedruckten Berichten der deutschen Botschafter an den verschiedenen Höfen beruft, verschweigt diese Tatsache.

[3]) Deutsche Dokumente, Nr. 301.

[4]) Ebenda Nr. 308.

[5]) Ebenda Nr. 335.

[6]) Ebenda Nr. 311, Nr. 313

von Odessa, Kiew, Moskau und Kasan gegen Österreich-Ungarn mobil zu machen. Ssazonow telegraphiert [1]) dies an die russische Botschaft in Berlin mit der Weisung: „Bitte die deutsche Regierung davon zu verständigen und zu betonen, daß Rußland keinerlei aggressive Absichten gegen Deutschland hegt.“ Dem war allerdings wenig zu trauen; denn in Petersburg war schon am 26. Juli Befehl zum Beginn der „Kriegsvorbereitungsperiode“ für das ganze europäische Rußland, also auch in der Front gegen Deutschland ergangen[2]).

Grey hat am 29. Juli dem deutschen Reichskanzler seinen Dank für die Unterstützung seiner Friedensbestrebungen ausgesprochen[3]), und der Reichskanzler hat in weiterer Unterstützung Greys an demselben Tage an Herrn von Tschirschky telegraphiert[4]), was Lichnowsky über die durch das Nachgeben Serbiens zerschmetterten österreichischen Diplomaten in London berichtet hatte; er hat dabei sein wachsendes Befremden über die Haltung der Wiener Regierung und seine Befürchtung ausgesprochen, daß diese „sich mit Plänen trägt, deren Geheimhaltung vor uns sie für angezeigt hält, um sich auf alle Fälle der deutschen Unterstützung zu versichern und nicht durch offene Bekanntgabe einem Refus auszusetzen“. Der deutsche Reichskanzler hat also die Unehrlichkeit seines Verbündeten völlig durchschaut. Aber — armes Deutschland! — statt ein entsprechend kräftiges Wort mit dem Grafen Berchtold zu sprechen, ist diese Depesche zunächst nur für Herrn von Tschirschky bestimmt. „Den Grafen Berchtold bitte ich, nur darauf hinzuweisen, daß es sich empfehlen würde, einem Mißtrauen gegen seine über die Integrität Serbiens den Mächten abgegebenen Erklärungen vorzubeugen.“

Dieser Hinweis hat dem Grafen Berchtold augenscheinlich gar keinen Eindruck gemacht, denn bald hat selbst Herr von Bethmann sich genötigt gesehen, deutlicher mit ihm zu sprechen. Grey hatte dem Fürsten Lichnowsky am 29. Juli „vollkommen ruhig, aber sehr ernst“ erklärt[5]), daß die Lage sich immer mehr zuspitze. Ssazonow habe erklärt, daß er nach Österreichs Kriegserklärung an Serbien nicht mehr

[1]) Englisches Blaubuch, Nr. 70.

[2]) Siehe Graf Max Montgelas, Die Mobilmachungen des Jahres. 1914 in der Zeitschrift „Die deutsche Nation“, Augustheft 1919.

[3]) Englisches Blaubuch, Nr. 77; Deutsche Dokumente, Nr. 353.

[4]) Deutsche Dokumente, Nr. 361.

[5]) Deutsche Dokumente, Nr. 368.

in der Lage sei, mit Österreich direkt zu verhandeln und in London bitten lassen, die Vermittlung wieder aufzunehmen. Als Voraussetzung für diese Vermittlung betrachte die russische Regierung die vorläufige Einstellung der Feindseligkeiten. Das gab Grey den Anlaß, auf seine Anregung einer Vermittlung zu vieren zurückzukommen; er betonte, daß Deutschland sie im Prinzip bereits angenommen habe; es solle sich daran beteiligen. Ihm persönlich schiene eine geeignete Grundlage für eine Vermittlung, daß Österreich etwa nach Besetzung von Belgrad oder anderer Plätze seine Bedingungen kundgäbe. Wenn der deutsche Reichskanzler jedoch die Vermittlung übernähme, so wäre ihm das natürlich ebenso recht. Aber eine Vermittlung schiene ihm nunmehr dringend geboten, falls es nicht zu einer europäischen Katastrophe kommen sollte. Und dabei ließ Grey keinen Zweifel, daß sich Großbritannien in diesem Falle auf seiten Frankreichs und Rußlands befinden werde.

Der Vermittlungsvorschlag war derselbe, den der deutsche Kaiser schon am 28. Juli morgens 10 Uhr in seinem Briefe an Jagow gemacht hatte. Nun wiederholt Bethmann den Vorschlag in Greys Fassung, indem er die Depesche Lichnowskys am 30. Juli an den deutschen Botschafter in Wien zur Mitteilung an Berchtold weitertelegraphiert und fügt hinzu[1]: „Wir stehen somit, falls Österreich jede Vermittlung ablehnt, vor einer Konflagration, bei der England gegen uns, Italien und Rumänien nach allen Anzeichen nicht mit uns gehen würden und wir 2 gegen 4 Großmächte ständen. Deutschland fiele durch Gegnerschaft Englands das Hauptgewicht des Kampfes zu. Österreichs politisches Prestige, die Waffenehre seiner Armee, sowie seine berechtigten Ansprüche Serbien gegenüber könnten durch Besetzung Belgrads oder anderer Plätze hinreichend gewahrt werden. Es würde durch Demütigung Serbiens seine Stellung im Balkan wie Rußland gegenüber wieder stark machen. Unter diesen Umständen müssen wir der Erwägung des Wiener Kabinetts dringend und nachdrücklich anheimstellen, die Vermittlung zu den angegebenen ehrenvollen Bedingungen anzunehmen. Die Verantwortung für die sonst eintretenden Folgen wäre für Österreich und uns eine ungemein schwere.“ Und gegen Berchtolds Einwand, daß nach ergangener Kriegserklärung der Schritt Englands zu spät sei, schreibt Bethmann in

[1]) Deutsche Dokumente, Nr. 395.

einer weiteren Depesche an den deutschen Botschafter in Wien von demselben Tage[1]):

„Wir können Österreich-Ungarn nicht zumuten, mit Serbien zu verhandeln, mit dem es im Kriegszustand begriffen ist. Die Verweigerung jeden Meinungsaustauschs mit Petersburg aber würde schwerer Fehler sein, da er kriegerisches Eingreifen Rußlands geradezu provoziert, das zu vermeiden Österreich-Ungarn in erster Linie interessiert ist. — Wir sind zwar bereit, unsere Bündnispflicht zu erfüllen, müssen es aber ablehnen, uns von Wien leichtfertig und ohne Beachtung unserer Ratschläge in einen Weltbrand hineinziehen zu lassen. Auch in italienischer Frage scheint Wien unsere Ratschläge zu mißachten. — Bitte sich gegen Graf Berchtold mit allem Nachdruck und großem Ernst aussprechen.“

Auch der Kaiser[2]) selbst wendet sich am 30. Juli direkt an Franz Joseph, Österreich möge nach Besetzung von Belgrad oder anderer Plätze seine Bedingungen kundgeben und unter Mitteilung dieses Telegramms wendet sich der Reichskanzler[3]) auch am 31. Juli früh nochmals an seinen Wiener Botschafter, auf daß Österreich Greys Vorschlag annehme.

Aber als das letztere Telegramm in Wien eintraf, waren die Würfel bereits gefallen.

Herr von Tschirschky, der deutsche Botschafter in Wien, befand sich zum Frühstück beim Grafen Berchtold, als ihm Bethmanns Depesche zukam, welche Greys Drohungen gegenüber Lichnowsky enthielt sowie Bethmanns dringende Empfehlung, mit Rußland zu verhandeln, und seine Weigerung, durch Wien leichtfertig in einen Weltbrand hineingezogen zu werden. Tschirschky hat sie nach Aufhebung der Tafel dem Minister sofort vorgelesen. Dieser hörte der zweimaligen Vorlesung bleich und schweigend zu und äußerte, er werde sofort seinem Kaiser darüber Vortrag halten. Tschirschky kam der Aufforderung Bethmanns, den Grafen Berchtold „mit allem Nachdruck und Ernst“ zur Annahme der Vermittlung zu drängen, wie er im einzelnen berichtet, pflichtgemäß nach[4]). Aber umsonst. Das Wiener Kabinett wollte,

[1]) Deutsche Dokumente, Nr. 396.

[2]) Deutsche Dokumente, Nr. 437; Österr. Rotbuch III, Nr. 49, S. 46.

[3]) Deutsche Dokumente, Nr. 441.

[4]) Deutsche Dokumente, Nr. 465. Nach Graf Czernin (S. 16ff.) soll Tschirschky, im Gegensatz zu Bethmann Hollweg, in Wien die

wie der österreichische Botschafter in London, Graf Mensdorff, dem dortigen deutschen Botschafter gesagt hatte, „unbedingt den Krieg, da Serbien ‚niedergebegelt' werden solle". Wie das Nachgeben Serbiens den Anstoß gegeben, diesem sofort den Krieg zu erklären, so veranlaßten die übereinstimmenden Vorschläge des deutschen Kaisers und Greys, Österreich-Ungarn möge Belgrad als Faustpfand besetzen, aber nicht weiter vorgehen, sondern seine Friedensbedingungen kundgeben, ihn nur, mit der Verwirklichung seiner entgegengesetzten Absichten sich zu beeilen. Dabei ist Graf Berchtold mit besonderer Perfidie gegen Deutschland vorgegangen, indem er es fertig brachte, der Welt vorzutäuschen, daß Deutschland, das seit dem 28. Juli morgens in Wien zur Nachgiebigkeit geraten hat, der Missetäter sei, an dessen Kriegswillen die Vermittlung gescheitert sei. Das ist erst durch das im österreichischen Rotbuch III. Teil Nr. 79 veröffentlichte Protokoll des gemeinsamen österreichisch-ungarischen Ministerrates vom 31. Juli 1914 offenbar geworden. Darin heißt es:

„Graf Berchtold erklärt, er habe dem deutschen Botschafter, als dieser ihm den englischen Vorschlag vorlegte, sogleich erklärt, daß eine Einstellung unserer Feindseligkeiten gegen Serbien unmöglich sei. Über den Vermittlungsvorschlag könne er nicht allein entscheiden, sondern er müsse hierüber die Befehle Seiner Majestät einholen und die Angelegenheit im Ministerrate besprechen. Er habe dann Seiner K. und K. Apostolischen Majestät über den Inhalt der Demarche des deutschen Botschafters Vortrag erstattet, Allerhöchst welcher sofort

Meinung vertreten haben, „im jetzigen Augenblick sei Deutschland bereit, unseren (d. h. den österreichischen) Standpunkt mit aller moralischen und militärischen Macht zu unterstützen — ob dies in Zukunft noch der Fall sein werde, wenn wir (d. h. Wien) die serbische Ohrfeige einsteckten, scheine ihm zweifelhaft." Ähnliche Äußerungen finden sich in den Depeschen des britischen Botschafters in Wien, Sir M. de Bunsen, an Sir Edward Grey, Englisches Blaubuch, Nr. 95, Nr. 141. Auf Grund dessen wurde auch in Deutschland geglaubt, daß Tschirschky im Gegensatz zu den ihm erteilten Aufträgen ein Kriegshetzer gewesen sei. Diese Auffassung steht im Widerspruch mit Tschirschkys Depeschen nach Berlin und mit seinem Briefe an Jagow (Deutsche Dokumente, Nr. 326), in dem er sich über den Hochmut und den Leichtsinn der Österreicher beklagt, die den deutschen Ratschlägen nicht folgen erklärt habe, daß die Einstellung der Feindseligkeiten gegen Serbien unmöglich sei. Seine Majestät habe aber den Antrag genehmigt, daß wir es zwar sorgsam vermeiden, den englischen Antrag in meritorischer Hinsicht anzunehmen, daß wir aber in der Form unserer Antwort Entgegenkommen zeigen und dem Wunsche des deutschen Reichskanzlers, die Regierung nicht vor den Kopf zu stoßen, auf diese Weise entgegenkommen."

„Die Antwort an die deutsche Regierung sei noch nicht ausgearbeitet, er könne aber jetzt schon sagen, daß bei ihrer Textierung auf drei Grundprinzipien Bedacht zu nehmen sein werde, nämlich:

1. Die kriegerischen Operationen gegen Serbien müssen fortgesetzt werden,

2. wir könnten über den englischen Vorschlag nicht unterhandeln, solange die russische Mobilmachung nicht eingestellt werde, und

3. unsere Bedingungen müßten integral angenommen werden, und wir könnten uns in keine Verhandlungen über dieselben einlassen."

Außer dieser Empfehlung eines Doppelspiels — scheinbarer Bereitwilligkeit, den englischen Vermittlungsvorschlag anzunehmen, bei wirklicher Ablehnung desselben — wandte sich Graf Berchtold auch gegen den Vorschlag einer Besetzung Belgrads als Faustpfand und der Einstellung weiteren militärischen Vorgehens gegen Serbien: „Erfahrungsgemäß versuchten die Mächte in solchen Fällen immer Abstriche bei Weitergabe seitens einer Macht aufgestellten Bedingungen zu machen; es sei sehr wahrscheinlich, daß man dies auch jetzt versuchen würde, wo bei der jetzigen Zusammensetzung Frankreich, England und auch Italien den russischen Standpunkt vertreten würden und wir an dem gegenwärtigen deutschen Vertreter in London eine sehr zweifelhafte Stütze hätten. Von dem Fürsten Lichnowsky sei alles andere zu erwarten, als daß er unsere Interessen warm vertreten würde. Wenn die Aktion jetzt nur mit einen Prestige-Gewinn endete, so wäre sie seiner Ansicht nach ganz umsonst unternommen worden. Wir hätten von einer einfachen Besetzung Belgrads gar nichts, selbst wenn Rußland hierzu seine Einwilligung geben würde. Alles dies wäre Flitterwerk; Rußland würde als Retter Serbiens und namentlich der serbischen Armee auftreten. Letztere würde intakt bleiben, und wir hätten in zwei bis drei Jahren wieder einen Angriff Serbiens unter viel ungünstigeren Bedingungen zu gewärtigen. Er beabsichtige daher, auf den englischen Vorschlag in sehr verbindlicher Form zu antworten, dabei aber die vorerwähnten Bedingungen zu stellen und zu vermeiden, auf den meritorischen Teil einzugehen."

Sehr bemerkenswert ist die Stellung, die Tisza im Ministerrat einnahm. Er war das einflußreichste Mitglied desselben. Er war entschieden gegen das Ultimatum gewesen, weil er einen Krieg voraussah, den er nicht wollte[1]). Nachdem das Ultimatum ergangen war, schloß er sich den Ausführungen Berchtolds vollständig an: „er sei auch der Ansicht, daß es verhängnisvoll wäre, auf das Meritum des englischen Vorschlags einzugehen. Unsere Kriegsoperationen gegen Serbien müßten jedenfalls ihren Fortgang nehmen. Es frage sich aber, ob es notwendig sei, schon jetzt überhaupt unsere neuen Forderungen an Serbien den Mächten bekanntzugeben, und würde vorschlagen, die englische Anregung dahin zu beantworten, daß wir prinzipiell bereit seien, denselben näher zu treten, jedoch nur unter der Bedingung, daß unsere Operationen gegen Serbien fortgesetzt werden und die russische Mobilisierung eingestellt werde."

Der österreichische Ministerpräsident Graf Stürgkh pflichtete all dem bei; er ging sogar noch weiter; er sagte: „der Gedanke einer Konferenz sei ihm so odios, daß er selbst ein scheinbares Eingehen auf denselben vermeiden möchte". Der gemeinsame Finanzminister, der als solcher auch für Bosnien und die Herzegowina verantwortlich war und demgemäß auch die Verantwortung trug, die Ermordung des Thronfolgers nicht verhütet zu haben, der Pole von Bilinski, erklärte: „er finde die Anregung des Grafen Tisza außerordentlich geschickt" . . . Auch er könne sich mit der Idee einer Konferenz nicht befreunden . . . Auch er sei der Ansicht, man solle den englischen Vorschlag nicht schroff ablehnen[2]). Nachdem noch Freiherr von Burian sich in zustimmendem Sinne geäußert hat", wird der Vorschlag des Grafen Tisza einstimmig vom Ministerrat angenommen.

Am Nachmittag des 31. Juli hatte Kaiser Franz Joseph dem deutschen Kaiser, der den Grey'schen Vorschlag unterstützt hatte, ablehnend geantwortet[3]). Die Russen hätten alle Militärbezirke an seinen Grenzen

---

[1]) Siehe Czernin, S. 15.

[2]) Er ist dann in Polen Minister geworden!

[3]) Deutsche Dokumente, Nr. 482; Österr. Rotbuch III, Nr. 49, S. 46.

mobilisiert; darauf habe auch er die Mobilisierung seiner ganzen bewaffneten Macht angeordnet. „Die im Zuge befindliche Aktion meiner Armee gegen Serbien kann durch die bedrohliche und herausfordernde Haltung Rußlands keine Störung erfahren. Eine neuerliche Rettung Serbiens durch Rußlands Intervention müßte die ernstesten Folgen für meine Länder nach sich ziehen, und ich kann daher eine solche Intervention unmöglich zugeben. Ich bin mir der Tragweite meiner Entschlüsse bewußt und habe dieselben im Vertrauen auf Gottes Gerechtigkeit gefaßt mit der Sicherheit, daß Deine Wehrmacht in unwandelbarer Bundestreue für mein Reich und für den Dreibund einstehen wird.“ Damit waren die übereinstimmenden Vorschläge des deutschen Kaisers und Sir E. Greys also tatsächlich bereits abgelehnt, als in der Nacht vom 31. Juli auf den 1. August Graf Berchtold die auf Täuschung berechneten Beschlüsse des österreichisch-ungarischen Ministerrats an die Botschafter in London, Petersburg, Berlin[1]) mit dem Zusatz telegraphierte, „daß wir trotz der Änderung, die seither in der Situation durch die Mobilisierung Rußlands eingetreten sei, in voller Würdigung der Bemühungen Englands um Erhaltung des Weltfriedens, gern bereit seien, dem Vorschlag Greys, zwischen uns und Serbien zu vermitteln, näherzutreten.“[2])

Das war eine bewußte Lüge. Was aber tat man in Berlin, wo man infolge des Telegramms des Kaisers Franz Joseph die Wahrheit bereits kannte? Nun war die Gelegenheit, Bethmanns Drohung vom 30. Juli wahr zu machen: „wir müssen es ablehnen, uns von Wien leichtfertig und ohne Beachtung unserer Ratschläge in einen Weltbrand hineinziehen zu lassen“. Daß es infolge der Nichtbeachtung dieser Ratschläge zum Weltbrand kommen würde, wußte man ja schon in der Wilhelmstraße. Hatte man ja schon mit England darüber verhandelt, ob es, wenn es zu einem Kriege Deutschlands und Österreich-Ungarns gegen Rußland und Frankreich käme, nicht neutral bleiben werde, selbst dann nicht, wenn Deutschland zusichere, sich keinerlei europäische Gebietsteile Frankreichs oder Belgiens einzuverleiben, und ein glattes

[1]) Der österreichisch-ungarische Botschafter in Berlin, Graf Szögyény, hat die Depesche in der Wilhelmstraße nicht mehr abgegeben, da man ja dort schon wußte, daß Österreich-Ungarn in Wirklichkeit nicht zur Annahme des Greyschen Vorschlags bereit sei.

[2]) Österreichisches Rotbuch III, Nr. 65, S. 63.

Nein zur Antwort bekommen. Auch entsprach dies vollständig dem Berichte, den Ssazonow aus London im September 1912 an den Zaren gerichtet hat[1]): „Grey erklärte ohne Schwanken, daß, wenn die in Frage stehenden Umstände eingetreten sein würden, England alles daran setzen würde, um der deutschen Machtstellung den fühlbarsten Schlag zuzufügen." Aber Graf Berchtold, wenn er nach Czernin auch im Schlafe nicht dachte, daß sein Ultimatum an Serbien die Entfesselung des Weltbrands bedeute, hat doch die Donquichoterie Wilhelms II. richtig eingeschätzt. Dieser hat unmittelbar nach Eingang der Berufung Franz Josephs an seine Bundestreue diese, in einer für die ihm anvertrauten Interessen des deutschen Volks unverantwortlichen romantischen Vorstellung von Bündnispflichten, mit der Erklärung seiner Bereitwilligkeit, sofort den Krieg gegen Rußland und Frankreich zu beginnen, beantwortet[2]). Und Bethmann Hollweg ist, obwohl er die dadurch geschaffene Lage klar erkannt hatte, trotz seiner Proteste Reichskanzler geblieben[3])!

Es ist begreiflich, daß der Kaiser Franz Joseph dem deutschen Kaiser für seine „herzerfreuende Mitteilung" dankte[4]); gegenüber diesem seinem Freunde aber war das Vorgehen seines Ministeriums der reine

---

[1]) In diesem von der „Prawda" veröffentlichten Berichte heißt es nach dem im Text wiedergegebenen Satze weiter (siehe Tirpitz, Erinnerungen, S. 234, 235): „Der König, der in einer der Unterredungen mit mir dieselbe Frage berührte, sprach sich noch viel entschiedener als sein Minister aus. Mit sichtlicher Erregung erwähnte Seine Majestät das Streben Deutschlands nach Gleichstellung mit Großbritannien in bezug auf die Seestreitkräfte und rief aus, daß im Falle eines Zusammenstoßes dieser verhängnisvolle Folgen nicht nur für die deutsche Flotte, sondern auch für den deutschen Seehandel haben müsse, denn die Engländer würden jedes deutsche Schiff, das ihnen in die Hände komme, in den Grund bohren. — Die letzteren Worte spiegeln augenscheinlich nicht nur persönliche Gefühle S. Majestät, sondern auch die in England herrschende Stimmung in bezug auf Deutschland wider."

[2]) Deutsche Dokumente, Nr. 503.

[3]) Erst im November 1916 hatte Bethmann Hollweg die Absicht, die warnenden Depeschen, die er am 30. Juli 1914 an Tschirschky zur Mitteilung an den Grafen Berchtold gerichtet hatte, dem Reichstag vorzulesen. Er scheint es — sehr zum Unheil für Deutschland! — aus Rücksicht auf den im Kampf befindlichen Verbündeten unterlassen zu haben. Siehe hierüber Goos S. 237 ff.

[4]) Deutsche Dokumente, Nr. 601; Österreichisches Rotbuch III

Verrat. Deutschland hatte seit dem 28. Juli im Einverständnis mit Grey aufs energischste in Wien darauf gedrungen, die vom Deutschen Kaiser und von Grey übereinstimmend vorgeschlagene Vermittlung anzunehmen, um einen Weltbrand zu verhüten. Wien aber hatte, während es ablehnte, an Grey telegraphiert, daß es im Prinzip zu solcher Vermittlung bereit sei. Grey hat dies als wahr angenommen und am 1. August den britischen Botschafter in Petersburg angewiesen[1]), Ssazonow darüber zu berichten und hinzuzufügen, daß, wenn Rußland, der Annahme des Vermittlungsvorschlags seitens Österreich-Ungarns eingedenk, sich zur Einstellung seiner Mobilmachung verstehen könne, es noch möglich scheine, den Frieden zu erhalten. Aber Rußland dachte nicht daran, seine Mobilmachung einzustellen.

13. Der geschwätzige Maurice Paléologue erzählt, schon am 28. Juli habe Ssazonow erklärt: „Unser Generalstab wird ungeduldig und schon habe ich große Mühe, ihn zurückzuhalten." Nachdem, wie bemerkt, schon am 26. Juli der Befehl zum Beginn der „Kriegsvorbereitungsperiode" für das ganze europäische Rußland ergangen war, ist am 29. Juli der Befehl zur russischen Teilmobilisierung gegen Österreich-Ungarn erlassen und an demselben Tage Beschluß gefaßt worden, die russische Teilmobilmachung zur allgemeinen zu erweitern[2]). An demselben Tage hat der Reichskanzler an den deutschen Botschafter in Petersburg telegraphiert[3]): „Bitte Herrn Ssazonow sehr ernst darauf hinzuweisen, daß weiteres Fortschreiten russischer Mobilisierungsmaßnahmen uns zur Mobilmachung zwingen würde, und daß dann europäischer Krieg kaum noch aufzuhalten sein werde." Der Botschafter hat dies getan. Darauf hat die russische Regierung die allgemeine Mobilmachung heimlich anordnen lassen[4]). Aber der Zar hat dies verboten und auf ein Telegramm Wilhelms[5]) abends 11 Uhr telephonisch dem Kriegsminister Suchomlinow befohlen, die bereits unterzeichnete all-

[1]) Englisches Blaubuch, Nr. 135.

[2]) Graf Max Montgelas, Die Mobilmachungen des Jahres 1914, S.-A. aus „Die deutsche Nation", August 1919, S. 4.; ferner „Der Zusammenbruch der Ententelegende über die russische allgemeine Mobilmachung", Deutsche Rundschau, Heft 8, 1922, S. 113ff.

[3]) Deutsche Dokumente, Nr. 342.

[4]) Paléologue, a. a. O. p. 257.

[5]) Deutsche Dokumente, Nr. 359, Nr. 445.

gemeine Mobilmachung aufzuhalten und sich mit der Teilmobilmachung gegen Österreich zu begnügen. Aber Suchomlinow hat im Einverständnis mit dem Chef des russischen Generalstabs Januschkewitsch den Befehl des Zaren nicht ausgeführt, weil die ganze Mobilmachungsorganisation durch dessen Ausführung in Unordnung gebracht würde[1]). Schon am 29. Juli hat die allgemeine russische Mobilmachung stattgefunden; sie war schon an diesem Tage in Kischinjew öffentlich angeschlagen[2]). Als an demselben Vormittag des 31. Juli, an dem man in Berlin erfuhr, daß man in Wien nicht geneigt sei, auf die vorgeschlagene Friedensvermittlung einzugehen, sondern in den ersten Vormittagsstunden Befehl zur allgemeinen österreichisch-ungarischen Mobilmachung gegeben habe, um 11 Uhr 40 Minuten die Nachricht des deutschen Botschafters in Petersburg eintraf[3]): „Allgemeine Mobilisierung Armee und Flotte befohlen. Erster Mobilmachungstag 31. Juli", hat man nachmittags 1 Uhr den Zustand drohender Kriegsgefahr auch für Deutschland verkündet. Denn die allgemeine russische Mobilmachung hatte nur Sinn, wenn Rußland auch gegen Deutschland Krieg führen wollte, und schon am 18. August 1892 waren der Zar Alexander III. und der General Boisdeffre, Souschef des französischen Generalstabs, übereingekommen, daß Mobilmachung gleichbedeutend mit Krieg sei. Indes bedeutete die deutsche Gegenmaßregel, die Verkündung drohender Kriegsgefahr, noch nicht Mobilisierung. Das hat der Reichskanzler am 31. Juli in Petersburg mitteilen lassen unter Hinzufügung, daß die Mobilisierung aber folgen müsse, falls nicht Rußland binnen 12 Stunden jede Kriegsmaßnahme gegen Deutschland und Österreich-Ungarn einstelle und Deutschland darüber bestimmte Erklärung abgebe[4]). Aber Rußland gab keine Antwort. Da wurde 7 Uhr Abends die deutsche Kriegserklärung in Petersburg übergeben. Als letzter Versuch, den Frieden zu erhalten, richtete der Kaiser noch am 1. August nachts 10 Uhr 45 Minuten ein beschwörendes Telegramm an den Zaren, endloses Elend zu vermeiden[5]). Vergeblich.

Drei Tage nachdem Graf Berchtold den Serben den Krieg erklärt

---

[1]) Zur Vorgeschichte des Weltkrieges, Heft 2: Rüstungen und Mobilmachungen. 1. Unterausschuß. Berlin 1921, S. 135.

[2]) Boghitschewitsch, S. 88.

[3]) Deutsche Dokumente, Nr. 473.

[4]) Deutsche Dokumente, Nr. 490.

[5]) Ebenda Nr. 600.

hatte, um der durch ihre Nachgiebigkeit veranlaßten Ermahnung sowohl des deutschen Kaisers als auch Sir Edward Grey's zum Frieden mit einem „zu spät" zuvorkommen zu können, war Jean Jaurès, von dem die französischen Kriegstreiber befürchteten, daß er ähnlich wie 1905 den Ausbruch des Kriegs verhindern werde, in Paris ermordet worden[1]); man hat den Mörder Villain gefaßt, ihn während des ganzen Krieges in Untersuchungshaft gehalten, und nach dem Frieden frei gesprochen. Villain hat auch zwei Tage lang nach Caillaux, von dem man gleichfalls eine Einmischung zugunsten des Friedens befürchtete[2]), gefahndet, und da er ihn nicht erwischte, haben Poincaré und Clemenceau ihn durch einen Justizmord zu beseitigen gesucht, was ihnen allerdings nur für beschränkte Zeit gelungen ist[3]). Die mit Rußland verbündete französische Regierung aber hat auf eine deutsche Anfrage vom 31. Juli, ob bei russisch-deutschem Kriege Frankreich neutral bleibe, am 1. August zögernd erklärt: Frankreich werde das tun, was seine Interessen geböten; heute wissen wir, daß es schon am 31. Juli Rußland erklärt hatte, daß es „zum Kriege fest entschlossen sei und wollte, daß alle russischen Anstrengungen gegen Deutschland gerichtet sein würden, und Österreich als eine quantité négligeable behandeln werde[4])". Darauf hat Deutschland am 3. August auch Frankreich den Krieg erklärt; es wußte ja, daß Österreich-Ungarn nicht zu solcher Vermittlung bereit sei[5]).

Damit war der Krieg da, von dem Iswolski mit Recht gesagt hat: „C'est ma guerre." Dasselbe konnte auch Poincaré sagen, der den Krieg zusammen mit Iswolski betrieben hatte, wie heute trotz seines

---

[1]) Schon am 18. Juli 1914 hatte Charles Maurras, eine führende Persönlichkeit unter den zum Kriege hetzenden Monarchisten, in der „Action Française" Jean Jaurès als eine elende Kreatur hingestellt, als Volksfeind, als Schandgeburt, als Verräter. „Ein Jeder weiß, Herr Jaurès ist Deutschland." Der Artikel schließt: „Man weiß, daß unsere Politik nicht in Worten besteht. Dem Realismus der Ideen entspricht die Ernsthaftigkeit der Handlungen." Das war deutlich; zehn Tage später zeigte sich, daß die Worte verstanden worden waren.

[2]) Siehe über Caillaux den Bericht des belgischen Gesandten in Paris Baron Guillaume an den belgischen Außenminister vom 16. Januar 1914. Belgische Aktenstücke, Nr. 110.

[3]) Siehe Joseph Caillaux, Meine Gefangenschaft, S. 30.

[4]) Deutsche Dokumente, Nr. 571; Telegramm 216 in Romberg, Die Fälschungen des russischen Orangebuches, S. 41.

[5]) Deutsche Dokumente, Nr. 734.

Ableugnens unzweifelhaft feststeht[1]). Die Falschheit des österreichisch-ungarischen Ministerrats aber hatte es fertig gebracht, Deutschland als Urheber des Kriegs erscheinen zu lassen. Denn Graf Berchtold hatte ja an alle Großmächte telegraphiert, daß Österreich-Ungarn zu einer Vermittlung bereit sei, während es in Wahrheit entgegen dem Drängen Deutschlands, sie anzunehmen, sie abgelehnt hatte. Auf die telegraphische Bitte des Kaisers Franz Josef hin hatte der deutsche Kaiser trotz seiner Mahnung nach der Besetzung Belgrads die Vermittlung mit Rußland anzunehmen, die das Herz Franz Josefs erfreuende Erklärung gegeben, daß er bereit sei, sofort den Krieg gegen Rußland und Frankreich zu beginnen. Als aber weder Wien noch Petersburg ihre Kriegsvorbereitungen einstellten; Rußland zu seiner gegen Deutschland gerichteten allgemeinen Mobilmachung schritt und auf Deutschlands Aufforderung, damit einzuhalten, keine Antwort gab, und Deutschland daraufhin Rußland den Krieg erklärte, hat Österreich-Ungarn nicht etwa gleichfalls Rußland den Krieg erklärt. Es zögerte, angeblich um im Aufmarsch in Galizien möglichst lange ungestört zu bleiben; aber es heißt dann weiter: „Man möchte hier vermeiden, durch spontane Kriegserklärung an Rußland Odium des Angriffs auf sich zu nehmen, und fragt sich, ob Österreich nicht den russischerseits erfolgten Angriff auf Deutschland auch für die Monarchie als direkte Folge des Allianzvertrags als Kriegsgrund anführen könnte“[2]). Das war denn auch für Herrn von Bethmann Hollweg zu viel. Er telegraphierte an den deutschen Botschafter in Wien zurück: „Wir sind durch Österreichs Vorgehen gezwungen, den Krieg zu führen und können erwarten, daß Österreich diese Tatsache nicht zu verdunkeln sucht, sondern offen bekundet, daß drohender Eingriff (Mobilmachung gegen Österreich) in serbischem Konflikt Österreich

[1]) Gouttenoire de Toury a. a. O. — Alfred Pevet a. a. O. — Boghitschewitsch, a. a. O. — Die Affaire Poincaré. Ein paar Dokumente des russischen Botschafters in Paris, aus den Jahren 1912 bis 1914. Berliner Tageblatt, Nr. 604, Morgenausgabe vom 31. Dezember 1921. — B. von Siebert, bis zum Krieg Sekretär der russischen Botschaft in London, Diplomatische Aktenstücke zur Geschichte der Ententepolitik der Vorkriegsjahre. 1921. — Von demselben, Aus den Akten der russischen Diplomatie. Einkreisung? Süddeutsche Monatshefte vom Januar 1922.

zum Kriege zwingt."[1]). Aber auch danach dauerte es noch zwei Tage, bis endlich am 6. August Graf Berchtold den Vertretern der fremden Mächte in Wien mitteilen ließ[2]), „daß der österreichisch-ungarische Botschafter in Petersburg beauftragt worden sei, der russischen Regierung zu erklären, in Anbetracht des drohenden Verhaltens Rußlands in der österreichisch-serbischen Frage, und ferner wegen der Tatsache, daß es die Feindseligkeiten gegen Deutschland eröffnet habe, betrachte sich nun auch Österreich-Ungarn als mit Rußland auf dem Kriegsfuß stehend". Also auch am 6. August noch, trotz des Protestes des deutschen Reichskanzlers gegen Verdunkelung, eine völlige Umkehrung der Tatsachen. Während Deutschland seit dem 28. Juli in Wien auf Frieden gedrängt hatte und lediglich in einer von Franz Josef besonders verdankten, vom Standpunkt der Interessen des deutschen Reichs sehr anfechtbaren Bündnistreue mobil gemacht hatte, hat Graf Berchtold den Schein erweckt[3]), als ob Österreich-Ungarn aus Bündnistreue gegen Deutschland Rußland den Krieg erkläre.

Zudem aber kam die Kriegserklärung Österreich-Ungarns an Rußland am 6. August zu spät. Ihre Verzögerung um sechs Tage, nachdem die deutsche ergangen war, hatte Sir Edward Grey den Anlaß gegeben, in seiner Rede vom 3. August von Deutschland zu reden, als ob es im Gegensatz zu dem friedensbereiten Österreich-Ungarn den Krieg verschuldet habe. Durch das englische Blaubuch, das diese Rede mit einer sehr gesiebten Anzahl diplomatischer Korrespondenzen zum Abdruck brachte, ist dann die Märe, daß Deutschland von Anfang an den Krieg gewollt[4]) und daher jede Friedensmöglichkeit vereitelt habe, über den Erdball verbreitet worden. In ihr hatte Grey das Mittel, die Entrüstung aller Nationen gegen Deutschland als mutwilligen Friedensbrecher wach-

---

[1]) Ebenda Nr. 819.

[2]) Siehe den Bericht des britischen Botschafters in Wien, Sir M. de Bunsen, vom 1. September 1914 an Sir Edward Grey. Englisches Blaubuch, Nr. 161, S. 84.

[3]) Vgl. über die systematischen Täuschungen der alliierten Regierungen und der gesamten Welt das angeführte Buch von Gooß. Die darin wiedergegebenen Dokumente sprechen die beredteste Sprache zugunsten Deutschlands.

[4]) Besonders hervorgerufen durch die Depeschen des britischen Botschafters in Wien, Sir M. de Bunsen, an Sir E. Grey vom 1. August 1914. Englisches Blaubuch, Nr. 95 und besonders 141.

zurufen, und als gar deutsche Truppen entgegen dem Proteste der belgischen Regierung, König Alberts und der britischen Regierung unter Verletzung des belgischen Neutralitätsvertrags von 1839 in der Nacht vom 3. August in Belgien einmarschierten, hatte Grey auch das Mittel, die britische Regierung da, wo es ihr in Wirklichkeit nur auf die sogenannte Aufrechterhaltung des Gleichgewichts, d. h. ihre eigene Macht[1]) ankam, mit dem Heiligenschein eines Verteidigers des Rechts und der Schwachen zu umgeben.

14. Es war, wie schon bemerkt, in allen interessierten Kreisen schon jahrelang vor Ausbruch des Krieges bekannt, daß, wenn es zu einem Krieg zwischen Deutschland und Frankreich käme, Deutschland versuchen werde, über Belgien nach Frankreich einzubrechen. Als nun der Krieg infolge der österreichisch-ungarischen Kriegserklärung vom 28. Juli drohend geworden war, hat König Albert von Belgien am 1. August an Kaiser Wilhelm die dringende Bitte gerichtet[2]), angesichts der 1870 von Bismarck und wiederholt von seinen Nachfolgern im Auswärtigen Amt und auch von ihm selbst gegebenen Versicherungen, daß Deutschland die Neutralität Belgiens beachten werde, möge er diese Versicherung wiederholen. Das tat Wilhelm nicht. Vielmehr ließ er der belgischen Regierung mitteilen[3]), der kaiserlichen Regierung lägen zuverlässige Nachrichten vor über den beabsichtigten Aufmarsch französischer Streitkräfte an der Maasstrecke Givet-Namur. Sie ließen keinen Zweifel über die Absicht Frankreichs, durch belgisches Gebiet gegen Deutschland vorzugehen[4]). Die deutsche Regierung habe die

---

[1]) So wurde Greys Rede auch vom „Manchester Guardian", „The Daily News", „The Nation" aufgefaßt. Siehe Irene Cooper Willis, How we went into the war. Manchester 1918 und How we got on with the war. Manchester 1920.

[2]) Deutsche Dokumente, Nr. 765.

[3]) Ebenda Nr. 376.

[4]) Siehe Anlagen 52, 53 und 54 in „Zur Vorgeschichte des Weltkriegs", Heft 2, S. 92—95. Anlage 54 enthält folgenden Bericht des deutschen Militärattachés in Brüssel vom 7. Mai 1914: „Ich habe dem König der Belgier gesagt, daß in deutschen militärischen Kreisen leider mehr als hoffentlich der Wahrheit entspräche, mit einer deutschfeindlichen Haltung Belgiens im Kriegsfalle gerechnet würde, und daß man im besonderen der Ansicht sei, daß größere Bahnzerstörungen, auch auf belgischem Gebiet, bei Beginn eines deutsch-französischen Kriegs als eine feindliche Haltung angesehen werden müßten. Der

größte Besorgnis, daß Belgien trotz besten Willens nicht imstande sein werde, ohne Hilfe den französischen Durchmarsch mit so viel Aussicht auf Erfolg abzuwehren, daß darin eine ausreichende Sicherheit gegen die Bedrohung Deutschlands gefunden werden könne. Es sei ein Gebot der Selbsterhaltung Deutschlands, dem feindlichen Angriff zuvorzukommen. Mit dem größten Bedauern werde es daher die deutsche Regierung erfüllen, wenn Belgien einen Akt der Feindseligkeit gegen sich darin erblickte, daß Deutschland durch die Maßnahmen seiner Gegner gezwungen werde, zur Gegenwehr auch seinerseits belgisches Gebiet zu betreten. Um jede Mißdeutung auszuschließen, erkläre die deutsche Regierung der belgischen:

1. Deutschland beabsichtige keinerlei Feindseligkeit gegen Belgien. Sei Belgien gewillt, in dem bevorstehenden Kriege Deutschland gegenüber eine wohlwollende Neutralität zu beobachten (worunter Gestattung des freien Durchmarsches einbegriffen betrachtet wurde), so verpflichte sich die deutsche Regierung, beim Friedensschluß nicht nur Besitzstand und Unabhängigkeit des Königreichs in vollem Umfang zu garantieren, sie sei sogar bereit, etwaigen territorialen Kompensationsansprüchen des Königreichs auf Kosten Frankreichs in wohlwollendster Weise entgegenzukommen.

2. Deutschland verpflichte sich unter obiger Voraussetzung, das Gebiet des Königreichs wieder zu räumen, sobald der Frieden geschlossen sei.

3. Bei einer freundschaftlichen Haltung Belgiens sei Deutschland bereit, im Einvernehmen mit den k. belgischen Behörden alle Bedürfnisse seiner Truppen gegen Barzahlung anzukaufen und jeden Schaden zu ersetzen, der etwa durch deutsche Truppen verursacht werden könnte.

König sagte darauf sehr lebhaft: Ich weiß, was sie mit der sofortigen Bedrohung meinen. Sie sind sehr gut orientiert. Es ist bestimmt richtig, daß die Franzosen früher einen Handstreich auf Namur im Moment des Kriegsbeginns geplant haben. Aber ich weiß auch sicher, daß dieser Plan vor kurzem geändert worden ist, wie ich vermute, infolge der belgischen Heeresreform. Jetzt spionieren sie wieder mehr im Semois-Tal herum, wie wir sehr genau wissen. Ich habe auch sehr gut verstanden, was mir der General von Moltke in Potsdam gesagt hat und was Sie mir wiederholen. Auch ich halte die französische Gefahr für die größte und mit mir der Adel und die große Mehrheit der klerikalen Partei."

Falls aber Belgien dem Vormarsche der deutschen Truppen Schwierigkeiten bereite, werde Deutschland genötigt sein, Belgien als Feind zu betrachten und die spätere Regelung zwischen den beiden Staaten der Entscheidung durch die Waffen überlassen.

Es wurde um Erteilung einer unzweideutigen Antwort binnen 24 Stunden ersucht.

Die belgische Regierung hat darauf innerhalb der vom deutschen Gesandten gestellten zwölfstündigen[1]) Frist „mit tiefem und schmerzlichen Erstaunen" gegen die von Deutschland beabsichtigte flagrante Verletzung des Völkerrechts protestiert. Sie hat darauf verwiesen, daß die Absichten, die Deutschland Frankreich beilege, im Widerspruch ständen zu den ausdrücklichen Erklärungen, die ihr am 1. August im Namen der Regierung der Republik gegeben worden seien. Die belgische Regierung sei fest entschlossen, jeden Angriff auf ihr Recht abzuwehren[2]). Darauf hat Kaiser Wilhelm am 3. August dem Könige der Belgier nochmals versichert[3]), daß die Mitteilung seiner Regierung nur von freundschaftlichster Absicht für Belgien eingegeben gewesen sei, aber unter dem entscheidendem Zwang der Stunde, wo es sich um das Schicksal Deutschlands handle; er wiederholt, daß König Albert noch immer auf die gestellten Bedingungen eingehen könne. Aber dieser wußte ja längst von dem Schlieffen'schen Angriffsplan über Belgien, und ebenso hatten englische Offiziere schon seit 1906 dem belgischen Kriegsministerium Mitteilung über die Einmarschpläne britischer Truppen in Belgien im Falle eines deutsch-französisch-englischen Krieges gemacht. Schon seit Jahren hatte man sich in Belgien große Sorgen gemacht, das Land abermals zum Kampfplatz Europas gemacht zu sehen. König Albert wandte sich an England, das den Neutralitätsvertrag von 1839 zusammen mit Preußen unterschrieben hatte, mit der Bitte um Intervention[4]). Darauf ließ Sir Edward Grey in Berlin erklären, daß die britische Regierung verpflichtet sei, gegen die Verletzung des Vertrages zu protestieren, daß sie eine Zusicherung verlangen müsse, daß die an Belgien gestellte Forderung nicht weiter verfolgt

[1]) Später ist von 12 Stunden die Rede. Deutsche Dokumente, Nr. 695. Ebenso im Englischen Blaubuch, S. 96.

[2]) Deutsche Dokumente, Nr. 823.

[3]) Deutsche Dokumente, Nr. 779.

[4]) Ebenda Nr. 783.

werde und daß Deutschland die Neutralität Belgiens achten werde[1]). Der britische Botschafter, Sir E. Goschen, begab sich darauf am 4. August nachmittags in das Auswärtige Amt zu Herrn von Jagow, um ihn zu fragen, ob Deutschland davon absehen wolle, Belgiens Neutralität zu verletzen. Jagow bedauerte „nein“ sagen zu müssen; die deutschen Truppen hätten denselben Morgen die belgische Grenze schon überschritten; es sei dies für Deutschland eine Frage seines nationalen Bestehens gewesen, um dem Angriff der Franzosen zuvorzukommen. Nach weiterer von London erhaltener Weisung hat Goschen dann abends 7 Uhr nochmals vorgesprochen, um anzuzeigen, daß, wenn Deutschland bis Mitternacht dem weiteren Vorrücken seiner Truppen nicht Einhalt geboten hätte, er die Weisung habe, seine Pässe zu fordern. Jagow mußte die schon gegebene Antwort wiederholen. Darauf besuchte Goschen noch Herrn von Bethmann Hollweg, der sehr aufgeregt seinen tiefen Schmerz ausdrückte, alle seine Bestrebungen, freundschaftliche Beziehungen zu Großbritannien aufzubauen, wegen eines Wortes „Neutralität“ und eines „Fetzen Papier“ zusammenbrechen zu sehen. Die peinlichen Verhandlungen endeten damit, daß der Botschafter seine Pässe verlangte, was einer Kriegserklärung von seiten Englands gleichkam[2]).

Da ich seit meiner Jugend wiederholt längere Zeit in England gelebt habe und die Denkweise der Engländer kenne, habe ich sofort, als ich von dem deutschen Einmarsch in Belgien hörte, diesen als den größten Fehler, den man in Berlin begehen konnte, beklagt. Der Reichskanzler hat ihn im Reichstag als Unrecht bezeichnet, aber Goschen erklärt, daß sich ein im Kampf um seine Existenz befindliches Volk um einen „Fetzen Papier“ nicht kümmern könne. Es ist sehr verwunderlich, daß man im Auswärtigen Amte in den die Neutralität Belgiens betreffenden Akten, wie es scheint, nicht recht Bescheid wußte. Andernfalls würde der Reichskanzler, gleich wie Sir Edward Grey in seiner Rede vom 3. August, die Worte angeführt haben, die Gladstone am 10. August 1870 im britischen Parlament über denselben belgischen Garantievertrag gebraucht hat. Gladstone hat 1870 die belgische Neutralität von zwei verschiedenen Gesichtspunkten betrachtet. Einmal wollte er Vorsorge

[1]) Ebenda Nr. 770. Englisches Blaubuch, Nr. 153.
[2]) Siehe den Bericht Goschens im Englischen Blaubuch, Nr. 160.

treffen, daß nicht die Macht Frankreichs in einem für Großbritannien bedrohlichen Maße durch die Annexion Belgiens erhöht werde. Dies zu verhindern ist ihm der Neutralitätsvertrag von 1839 als von zweifelhafter Tauglichkeit erschienen, und eben deshalb hat er, als 1870 der deutsch-französische Krieg ausbrach, sowohl mit Frankreich als auch mit Preußen neue Verträge geschlossen, wodurch England sich verpflichtete, gegen denjenigen der beiden Kriegführenden mit den Waffen Partei zu nehmen, der Belgiens Neutralität verletzen würde. Die neuen Verträge sollten während des Kriegs und noch ein Jahr nach Friedensschluß Gültigkeit haben. Gladstone wurde darob im Parlament zur Rede gestellt, weil er damit den Vertrag von 1839 preisgegeben habe. Darauf hat dieser hervorragendste Moralvertreter unter den englischen Staatsmännern geantwortet[1]):

„Ich bin nicht imstande, mich der Anschauung anzuschließen, wonach die einfache Tatsache der Existenz einer Garantie jede daran beteiligte Partei bindet, ohne jede Rücksicht auf die besondere Lage, in welcher sie sich in dem Zeitpunkt finden mag, in dem es darauf ankommt, entsprechend der übernommenen Garantie zu handeln. Die großen Autoritäten auf dem Gebiete der äußeren Politik, auf die zu hören ich gewöhnt bin, wie Lord Aberdeen und Lord Palmerston, haben, soweit meine Kenntnis reicht, niemals dieser strengen, und, ich wage zu sagen, unpraktischen Auffassung von Garantien gehuldigt".

Also Gladstone war, weil er eine Störung des europäischen Gleichgewichts zum Nachteile Englands fürchtete, für die Neutralität Belgiens, und da er den Vertrag von 1839 für veraltet ansah, hat er einen befristeten neuen Vertrag zum Schutze der belgischen Neutralität abgeschlossen. Wenn aber nach Gladstone die Lage, in der sich ein Staat in dem Augenblick befindet, in dem er entsprechend der übernommenen Garantie handeln soll, dafür maßgebend ist, ob er durch diese gebunden ist, so war augenscheinlich der Augenblick, in dem das deutsche Volk, von allen Seiten umstellt, sich in seiner Existenz bedroht sah, wenn irgendeiner, geeignet, sein Abstreifen der Fesseln der übernommenen Garantie zu rechtfertigen.

Auch ohne daß ein Vernichtungskrieg in Frage kam, hat die britische

---

[1]) Hansard, Parliamentary Debates, vol. 203, S. 1787.

Regierung, so lange Kaiser Wilhelm II. nicht ihre Bündnisangebote wiederholt zurückgewiesen hatte, den Standpunkt Gladstones betreffend die Rechtsverbindlichkeit des Vertrags von 1839 festgehalten. Unter der Regierung Lord Salisburys, als noch unter Bismarck im Jahre 1887 ein neuer deutsch-französischer Krieg auszubrechen drohte, hat der der Regierung nahestehende „Standard“ am 4. Februar 1887 geschrieben, in einem deutsch-französischen Kriege sei gegen die Inanspruchnahme eines Wegerechts durch Belgien seitens Deutschlands nichts einzuwenden, und wenige Monate darauf hat Sir Charles Dilke, der 1880 im Ministerium Gladstone Unterstaatssekretär im britischen Außenministerium gewesen war, in der „Fortnighthy Review“ vom Juni 1887 geschrieben:

„Verträge laufen ohne Zweifel mit der Zeit ab. Der Vertrag von 1839 über Belgien ist schließlich viel älter, als der Vertrag von 1855 über Schweden. Frankreich und England würden es heute für Wahnsinn halten, die Unversehrtheit Schwedens gegen Rußland zu wahren, und ähnlich denkt England ganz offenbar jetzt bezüglich Belgiens.“

Erst seit Grey im Januar 1906 im Einverständnis mit dem damaligen Kriegsminister Haldane und dem damaligen Finanzminister Asquith, aber ohne Kenntnis des übrigen Kabinetts[1]) dem französischen Botschafter in London Paul Cambon zugesagt hatte, daß England in einem deutsch-französischen Kriege Frankreich unterstützen würde, wenn die öffentliche Meinung Englands diese Beteiligung bei Ausbruch des Kriegs von Herzen billige, hat man sich in England wieder auf den Vertrag von 1839 besonnen. Auch wenn der Schlieffen'sche Plan damals noch nicht im Ausland bekannt gewesen sein sollte, so war man sich doch nach der Sperrung der französischen Ostgrenze durch Festungen in Frankreich, England und in Belgien bewußt[2]), daß der Kampf zwischen Frankreich und Deutschland nur über Belgien stattfinden könne. Ein Bericht des belgischen Generalstabschefs Ducarne vom 10. April 1906 an den belgischen Kriegsminister unterrichtet diesen von den Maßnahmen, welche — augenscheinlich auf Anordnung Haldanes, der sich

---

[1]) Earl Loreburn, How the war came. London 1919, S. 76—80; ferner Lujo Brentano, Der Weltkrieg und E. D. Morel. München 1921, S. 51—55.

[2]) Siehe die schon angeführten Anlagen 52, 53, 54.

dessen rühmt[1]) — der britische Generalstab beschlossen hatte, um ungefähr 100 000 Mann in Belgien zu landen, falls die Deutschen die belgische Neutralität verletzen würden. Diese Einschränkung fehlt in dem Gespräche, das der britische Militärattaché in Brüssel, Oberstleutnant Bridges, nach „Agadir" am 23. April 1912 mit dem belgischen General Jungbluth geführt hat[2]). Danach würde die britische Regierung, wenn es damals zum Krieg zwischen Großbritannien und Deutschland gekommen wäre, sofort 160 000 Mann in Belgien gelandet haben, „auch wenn Belgien England nicht um Hilfe angegangen hätte". General Jungbluth machte den Einwand, daß dazu die Zustimmung Belgiens nötig gewesen wäre, was Bridges zugab; „aber da Belgien nicht imstande gewesen sein würde, den Durchmarsch der Deutschen zu verhindern, würde England seine Truppen in Belgien unter allen Umständen ausgeschifft haben". Das ist dieselbe Begründung, welche, wie oben wiedergegeben, die deutsche Regierung am 1. August 1914 der belgischen gegeben hat, um von ihr die Erlaubnis zum Durchmarsch der deutschen Truppen zu erlangen. Wenn sie 1911 keinen Neutralitätsbruch bedeutete, warum 1914? Und hat nicht der britische Feldmarschall Earl Roberts 1913 in der Augustnummer der „British Review" mitgeteilt, im Jahre 1911 sei die britische Flotte bereit gewesen, sofort nach Flandern abzudampfen, „um ihren Anteil bei der Aufrechterhaltung des europäischen Gleichgewichts zu leisten"[3]). Und haben nicht „Manchester Guardian", „Daily News", „The Nation" und in ihren Spalten eine große Anzahl angesehener englischer Politiker nach Grey's Rede vom 3. August 1914 auf das lebhafteste dagegen protestiert[4]),

---

[1]) Siehe Haldane, p. 33. Vgl. auch Loreburn, S. 82ff.; das deutsche Weißbuch, Aktenstücke zum Kriegsausbruch, S. 62ff.

[2]) Siehe die Aufzeichnung darüber in „Aktenstücke zum Kriegsausbruch", S. 72.

[3]) The British Review, August 1913, S. 161ff.

[4]) Irene Cooper Willis, How we went into the war. The National Labour Press Ltd., 30 Blackfriars Street, Manchester 1918, S. 55ff. Auf S. 61 das Verzeichnis derer, die das erste und zweite Manifest zugunsten der Neutralität Englands unterzeichnet haben: Lord Courtney of Penwith, J. Ramsay Macdonald, Gilbert Murray, A. G. Gardiner (Daily News), Graham Wallas, G. M. Trevelyan, G. T. Hobbouse, J. A. Hobson, F. W. Hirst, J. L. Hammond, Basil Williams, Lord Welby, The Lord Mayor of Manchester, The Lord Provost of Glasgow, The

daß England zur Verteidigung der belgischen Neutralität verpflichtet sei?

Übrigens hat Grey in eben dieser Rede, indem er sich auf Gladstones Rede vom 10. August 1870 bezog, sich dessen Anschauung zu eigen gemacht, daß nicht die einfache Tatsache der Existenz eines Garantievertrags jede daran beteiligte Partei binde, ohne jede Rücksicht auf die besondere Lage, in welchem sie sich in dem Zeitpunkt finden mag, in dem es darauf ankommt, entsprechend der übernommenen Garantie zu handeln. Und entsprechend dieser Anschauung hat auch das britische Ministerium während des Kriegs selbst gehandelt. Nicht nur, daß es Griechenland, das neutral bleiben wollte, durch Blockade gezwungen hat, den Alliierten sich anzuschließen, der damalige Premierminister Asquith hat am 1. März 1915 im Unterhause erklärt, daß die Alliierten dafür sorgen würden, daß jedwede für Deutschland bestimmten Waren, gleichviel welcher Art, nicht bloß solche, die Kontrabande oder von Nutzen für das deutsche Heer seien, von ihren Kreuzern gekapert würden. Das war die Verhängung der Blockade über die Zivilbevölkerung Deutschlands, in schreiendem Widerspruche zu der Pariser Deklaration von 1856, unter die England Schrift und Siegel gesetzt hatte; aber allerdings stand es nicht im Widerspruch zu der Äußerung Sir John Fishers[1]), des britischen Vertreters auf der Haager Konferenz: „Wenn es das Wohl Englands gebiete, werde es sich den Teufel um völkerrechtliche Abmachungen scheren." Als die Holländer dagegen protestierten, wurde die Protestnote dem britischen Publikum vorenthalten, und als die Amerikaner geltend machten, daß England den „Fetzen Papier" ebenso wie Bethmann Hollweg verachte, trösteten sich die „Daily News", daß Amerika nicht mit Gegenmaßnahmen drohe[2]).

Für Deutschland aber ist Bethmann Hollwegs „Fetzen Papier" zum Verhängnis geworden. Er gab Sir Edward Grey die Gelegenheit

---

Bishop of Lincoln, The Bishop of Hereford, Sir W. Mathes, Sir A. Spicer, Mr. C. P. Scott (Manchester Guardian), Sir A. Haworth, Sir W. Hartley, Mr. D. A. Thomas (später Lord Rhondda), Prof. J. J. Thomson, Dr. Horton, Mr. Richard Whiteing, Mr. W. Stubbs, Mr. Ernest Schuster, Mr. P. Price.

[1]) Siehe Friedjung, Zeitalter des Imperialismus, S. 277.

[2]) J. Cooper Willis, How we got on with the war. Manchester 1920, S. 35.

zu einer der skandalösesten Irreführungen der öffentlichen Meinung, welche die Weltgeschichte kennt. Das worauf es ihm ankam, hat er in seiner Rede vom 3. August nicht verschwiegen. Wie Gladstone durch Wahrung der belgischen Neutralität das ungemessene Anwachsen der französischen, so wollte er das der deutschen Macht hindern. Der „Fetzen Papier" gab ihm die Möglichkeit zur Verwandlung dieser Frage der sogenannten Aufrechthaltung des europäischen Gleichgewichts, d. h. einer Machtfrage, in eine Rechtsfrage. Was die letztere angeht, so habe ich gezeigt, wie die Engländer selbst den belgischen Neutralitätsvertrag längst für veraltet erachtet und ihn erst wieder hervorgeholt haben, als das britische Ministerium fürchtete, daß Frankreich von Deutschland besiegt würde, falls man es sich selbst überlasse, und daß England selbst Deutschland preisgegeben sei, wenn Deutschland die nordfranzösische Küste besetze. Daher Grey es auch ausdrücklich abgelehnt hat[1]), dem deutschen Botschafter Fürsten Lichnowsky zu versprechen, daß England neutral bleiben werde, wenn Deutschland die belgische Neutralität beachten werde. Auch konnte er es gar nicht versprechen, denn er war ja zur Unterstützung Frankreichs „in Ehren" verpflichtet. Aber zu einer Kriegserklärung gegen Deutschland brauchte er, wie er Paul Cambon gesagt hatte, der freudigen Zustimmung der öffentlichen Meinung und des Parlaments. Um das europäische Gleichgewicht aufrechtzuerhalten, würde er sie kaum erlangt haben; er war, bevor Bethmann Hollweg das unglückliche Wort vom Fetzen Papier gesprochen hatte, daher noch nicht bereit, Cambon, der die Notwendigkeit, das europäische Gleichgewicht zu wahren, anrief, die Zusicherung einer Teilnahme Englands am Kriege zu geben[2]). Die ersehnte Aussicht, die Zustimmung der öffentlichen Meinung zu erlangen, schaffte ihm der „Fetzen Papier". Mit der niederträchtigsten Geschicklichkeit bedienten sich seiner Tausende dienstbeflissener Federn als des schlagendsten Beweises für die Treulosigkeit Deutschlands, dessen Welteroberungspläne vor keinem Vertragsbruch zurückschreckten. Darauf stürmische Entrüstung bei allen Wohldenkenden; selbst prinzipielle Kriegsgegner wurden nun für den Krieg gegen Deutschland begeistert. Eine Anzahl Minister, die aus dem Kabinett ausgetreten waren, weil sie von einer Kriegserklärung an Deutschland nichts wissen wollten,

[1]) Deutsche Dokumente, Nr. 596.
[2]) Siehe Englisches Blaubuch, Nr. 119.

nahmen, nachdem der „Fetzen Papier" bekannt geworden, ihre Austrittserklärung zurück. Herr Chesterton schrieb[1]) in der „Daily Mail": „Es gibt nur eine Macht, die je Versprechen gebrochen und sie als ‚Fetzen Papier' behandelt hat; daher es auch gestattet sei, Asiaten und Afrikaner, die sich am Rande der Wildheit befinden, gegen sie zu verwenden". Und wie in Großbritannien so nun auch in Amerika allgemeine Stellungnahme gegen das wortbrüchige Deutschland. Aber zugegeben, daß die Verletzung der belgischen Neutralität ein Unrecht war — in meinen Augen ist der nicht herausgeforderte Angriff auf jedes Land, das dem Krieg fernbleiben will, ein Unrecht — so hätte doch noch am 7. Mai 1914 der deutsche Militärattaché in Brüssel nach Berlin berichtet[2]), daß selbst der belgische Ministerpräsident und Kriegsminister von Broqueville bei einem Gespräch über die belgische Armeereform gesagt habe: „wenn ich der Generalstabschef von Deutschland oder auch von Frankreich wäre, und das strategische Interesse, das Wohl meines Vaterlandes erforderte es, so würde ich keinen Moment zögern, neutrales Gebiet zu betreten und mir den Durchmarsch zu erzwingen", (frayer le passage). Das ist so selbstverständlich, daß ich mich gegebenenfalls (le moment donné) nur über das Gegenteil wundern würde". Das deutsche Volk aber war überzeugt, und wie die Folge gezeigt hat, mit Recht, daß es sich um seine Existenz zu wehren habe. Was bedeutet da der Bruch des belgischen Neutralitätsvertrags gegen die Treulosigkeit, aus Erwerbsgier gleichzeitig zwei Verträge zu schließen, in deren einem man die Souveränität des Sultans von Marokko und die Unversehrtheit seines Reiches zu wahren versprach, während man sich in dem anderen in heimlicher Verschwörung über die Teilung eben dieses Reiches einigte, wie dies Frankreich, England und Spanien 1904 getan, oder, wovon noch zu sprechen sein wird, wie Italien gleichzeitig einen Vertrag mit Deutschland und Österreich gegen Frankreich und mit diesem gegen Deutschland und Österreich zu schließen! Heißt es nicht Mücken seien und Elefanten verschlucken, wegen des ersteren einen Kriminalprozeß zu verlangen, während man über die anderen schmunzelnd hinweggeht?

15. Auf die mit der Verletzung der belgischen Neutralität durch

---

[1]) Siehe J. Cooper Willis, How we went into the war, p. 123.
[2]) Anlage 54.

Deutschland begründete englische Kriegserklärung vom 4. August 1914 ist am 23. August eine Kriegserklärung Japans an Deutschland gefolgt. Es hatte keinerlei Streit mit diesem gehabt. Das abfällige Gerede des Kaisers gegen die gelbe Rasse und die Besitznahme des China gehörigen Kiautschou im Jahre 1898 konnten nicht der Grund der Kriegserklärung sein, denn sie hatten Japan nicht abgehalten 1901 ein Bündnis zwischen Japan, England und Deutschland zu betreiben. Auch hat Japan es nur mit seinen Verpflichtungen als Bundesgenosse Englands zu rechtfertigen gesucht, als es von Deutschland verlangte, daß alle deutschen Kriegsschiffe bis zum 15. August 1914 aus den japanischen und chinesischen Gewässern zurückgezogen oder abgerüstet sein müßten und Kiautschou vor dem 16. September an Japan übergeben sein müsse, widrigenfalls am 23. August der Kriegszustand zwischen Japan und Deutschland eintrete. Die Versicherung Japans, daß es diese Forderungen nicht aus egoistischen Beweggründen, sondern nur um des Friedens in Ostasien willen stelle, wird durch die Erwerbungen illustriert, die es im Versailler Frieden auf Kosten Deutschlands gemacht hat.

16. Dreiviertel Jahre nach Japan, am 23. Mai 1915, hat der Dreibundgenosse Italien Österreich-Ungarn den Krieg erklärt. Am 1. August 1914 hat der Kaiser Franz Josef an den König von Italien telegraphiert[1]), daß er angesichts der Bedrohung des Friedens durch die Mobilisierung der Flotte Rußlands auch seine gesamten Land- und Seestreitkräfte mobilisiert habe und auf die Mithilfe seiner Verbündeten und ihrer Armeen rechne. Der König von Italien hat am 2. August geantwortet[2]), daß Italien „gegenüber seinen Verbündeten eine herzlich-freundschaftliche Haltung bewahren wird, entsprechend dem Dreibundvertrage, seinen aufrichtigen Gefühlen und den großen Interessen, die es wahren muß“.

Wie ist es danach gekommen, daß Italien am 28. August 1916 auch Deutschland den Krieg erklärt hat? Die Antwort setzt voraus, daß man sich erinnere, wie Italien zum Dreibund gekommen ist, und wie sich sein Verhältnis zu seinen Bundesgenossen und zu Frankreich entwickelt hat.

---

[1]) Österreichisch-ungarisches Rotbuch. Diplomatische Aktenstücke betr. die Beziehungen Österreich-Ungarns zu Italien in der Zeit vom 20. Juli 1914 bis 23. Mai 1915. Wien 1915 (fortan hier zitiert „Österreichisch-ungarisches-Italienisches Rotbuch“), Nr. 21.

[2]) Ebenda Nr. 23.

Das Bündnis zwischen Deutschland und Österreich von 1879, das den Zweibund begründet hat, war ein reines Defensivbündnis[1]). Es ist am 3. Februar 1888 veröffentlicht worden. Von einer Bestimmung, welche die Vertragsmächte zur Aufrechterhaltung des Gleichgewichts zu den Waffen zu greifen verpflichtete, ist darin nicht die Rede. Im Jahre 1882 hat Italien um Teilnahme am Zweibund gebeten,[2]) um sich sowohl gegen aggressive Absichten Frankreichs als auch gegen die Wirkungen seiner unfreundlichen Beziehungen zu Wien zu schützen. Seine Aufnahme in den Zweibund ist am 20. Mai 1882 erfolgt. Dieser, der erste Dreibundvertrag[3]), ist auf fünf Jahre abgeschlossen und nicht veröffentlicht worden. Im Art. I versprechen sich die Vertragsmächte, abgesehen von gegenseitigem Frieden und Freundschaft, daß sie an keinem Bündnis oder Abkommen teilnehmen werden, das gegen einen der kontrahierenden Staaten gerichtet ist. Art. II bestimmt, daß, falls Italien, ohne Frankreich direkt provoziert zu haben, von diesem, einerlei aus welchem Grunde, angegriffen würde, die beiden anderen Vertragsmächte verpflichtet seien, ihm mit allen ihren Kräften beizustehen; in gleicher Weise wird Italien verpflichtet, Deutschland beizustehen, falls dieses, ohne es direkt provoziert zu haben, von Frankreich angegriffen würde. Nach Art. III soll der Casus foederis auch vorliegen, falls eine der Vertragsmächte mit zwei oder mehr anderen Mächten in Krieg geriete. Art. IV bestimmt, daß, falls eine vierte Macht eine der drei Vertragsmächte bedroht und diese jener den Krieg erklären müßte, die beiden anderen sich ihr gegenüber zu wohlwollender Neutralität verpflichten. Doch solle auch jede der beiden an dem Kriege teilnehmen können, wenn sie solche Teilnahme zweckmäßig finde. Art. V besagt: Wenn der Friede einer der Vertragsmächte unter den in den vorstehenden Artikeln festgesetzten Bedingungen bedroht sein sollte, werden die Vertragsmächte sich in zweckdienlicher Zeit über die für ein eventuelles Zusammenwirken zu ergreifenden militärischen Maßnahmen verständigen. Schon jetzt verpflichten sie sich, in allen Fällen gemeinsamer Teilnahme an einem Kriege weder einen Separatwaffenstillstand noch einen Separatfrieden zu schließen. Diesem Geheimvertrage angefügt ist eine Erklärung der Ministerien des Äußeren des

[1]) Pribram, S. 3—9.
[2]) Siehe über den ersten Dreibundvertrag Pribram, S. 128ff.
[3]) Der Text bei Pribram, S. 24—28.

Deutschen Reichs, Österreich-Ungarns und Italiens: „in keinem Falle gelten diese Abmachungen als gegen England gerichtet".

Vor der Erneuerung des Vertrags hat Italien sich beklagt[1]), daß der Dreibund seine Interessen im Mittelmeer nicht so geschützt habe, wie es erwartet hätte. Es fürchtete, daß Paris Tripolis, das es begehre, tunifiziere. Es hatte in Ägypten Truppen landen wollen und infolge einer Kriegsandrohung seitens Frankreich verzichten müssen. Bismarck, der bis dahin allen kolonialen Wünschen Frankreichs entgegen gekommen war, gab nach, indem er sich in einem Sondervertrag[2]) zwischen Deutschland und Italien zu weiteren Bestimmungen zugunsten Italiens bereitfinden ließ, auf die ich noch zurückkommen werde. Deutschland hat darin Italien gegeben, aber nichts von diesem dafür erhalten. Auf Drängen Bismarcks verstand sich auch Wien am 20. Februar 1887 zum Abschluß eines Sondervertrags mit Italien, gültig bis zum 30. Mai 1892[3]), wonach Österreich-Ungarn und Italien sich verpflichteten, ihren Einfluß dahin geltend zu machen, daß keine Veränderung des territorialen Status quo im Orient stattfinde, welche dem einen oder anderen von ihnen zum Schaden gereichen würde. Sie würden sich zu diesem Behuf alle Nachrichten mitteilen, die dazu dienen könnten, sich gegenseitig über die eigenen Absichten, sowie über die anderer Mächte aufzuklären. Wenn aber der Status quo auf dem Balkangebiet oder an den ottomanischen Küsten und auf den Inseln des Adriatischen und des Ägäischen Meeres unmöglich werden sollte, und sich infolge einer Aktion einer dritten Macht oder auch anderswie Österreich-Ungarn oder Italien gezwungen sehen sollten, den Status quo ihrerseits durch eine zeitweilige oder dauernde Besetzung zu ändern, werde diese Besetzung nur stattfinden nach einem vorherigen Übereinkommen der Mächte, das auf dem Prinzipe einer gegenseitigen Kompensation für jeden territorialen oder anderen Vorteil beruht, den eine jede von ihnen über den gegenwärtigen Status quo hinaus erhalten würde und das den Interessen und wohlbegründeten Ansprüchen der beiden Teile Genüge leistet.

---

[1]) Siehe über die Verhandlungen vor Abschluß des zweiten Dreibundvertrags Pribram, S. 169ff.

[2]) Pribram, S. 45—47.

[3]) Pribram, S. 44.

Aus diesem Artikel ist der Art. VII des dritten Dreibundvertrages vom 6. Mai 1891[1]) und der weiteren Dreibundverträge vom 28. Juni 1902[2]) und 5. Dezember 1912[3]) geworden.

Aber 1900 schließt Italien einen Vertrag mit Frankreich über Marokko. Darin verspricht Frankreich Italien Tripolis, falls es selbst Marokko erhält[4]). Und noch weiter geht ein Vertrag, den Italien am 1. November 1902 mit Frankreich abgeschlossen hat[5]). Darin verpflichten sich beide zu strikter Neutralität: 1. im Falle eine der beiden Mächte direkt oder indirekt von einer anderen Macht angegriffen würde; 2. falls eine der beiden zur Verteidigung ihrer Ehre oder ihrer Sicherheit genötigt wäre, einer dritten Macht den Krieg zu erklären. Diese letztere Abmachung war unzweifelhaft französischen Ursprungs. Von Rom stammt es, wenn hinzugefügt wird, daß die Macht, welche zur Initiative der Kriegserklärung greift, ihre Absicht der anderen vorher mitteilen, sowie ihr dartun müsse, daß sie direkt provoziert sei. Auf eine Anfrage Delcassés, was man in Rom unter „direkt provoziert" verstehe, antwortete die Consulta, direkt sei im Sinne von direkten Beziehungen zwischen der provozierenden und der provozierten Macht gemeint.

Damit war Italien durch zwei Verträge gebunden, die sich gegenseitig ausschlossen. Es hatte Berlin und Wien versprochen, mit keiner anderen Macht einen Vertrag abzuschließen, der die Verpflichtungen aus dem Dreibundvertrag einschränke. Mit Paris hatte es einen entgegenstehenden Vertrag abgeschlossen. Von den beiden Verträgen war der erstere seit 1888 bekannt, der zweite wurde verheimlicht. Diese doppelte Tatsache zeigt, daß Rom sich zum Verrat vorbereitete. Dabei hat es nicht bloß Berlin und Wien getäuscht, sondern auch Paris in Irrtum versetzt. Im Juni 1902 frug Delcassé[6]) in Rom an, ob dessen Hände frei seien. Rom antwortete, es stehe nichts in dem erneuerten Dreibundvertrag, was gegen Frankreich direkt oder indirekt aggressiv sei. Damit vergleiche man die Artikel des Dreibundvertrags, die folgendermaßen lauten[7]):

---

[1]) Pribram, S. 64ff.

[2]) Pribram, S. 92ff.

[3]) Pribram, S. 101ff.

[4]) Alfred Pevet, a. a. O., p. 65.

[5]) Ebenda p. 66.

[6]) Pevet, S. 67.

[7]) Pribram, S. 46, art. III: „S'il arrivait que la France fit acte d'étendre son occupation ou bien son protectorat ou sa souveraineté,

„Sollte Frankreich seine Besitznahme oder sein Protektorat oder seine Souveränität in gleichviel welcher Form auf die nordafrikanischen Gebiete erstrecken und sollte Italien infolgedessen, um seine Stellung im Mittelmeer zu sichern, es für nötig erachten, selbst eine Aktion auf den in Frage stehenden nordafrikanischen Gebieten vorzunehmen, oder auf dem französischen Gebiet in Europa zu den äußersten Maßnahmen zu schreiten, so würde der Kriegszustand zwischen Italien und Frankreich, der die Folge sein würde, ipso facto auf Verlangen Italiens und zu Lasten von Deutschland und Italien den Casus foederis bilden, der durch die Art. II und V des Vertrages vom 20. Mai 1882 vorgesehen ist, genau so als ob diese Eventualität in dem Vertrag vorgesehen wäre. Wenn die Ergebnisse jedweden gemeinsam durch die beiden Mächte gegen Frankreich unternommenen Kriegs Italien veranlassen sollten, territoriale Garantien zur Sicherung seiner Grenzen und seiner Stellung zur See gegenüber Frankreich zu wünschen und ebenso im Interesse eines dauernden Friedens, so wird Deutschland dem nicht nur kein Hindernis entgegensetzen, sondern auch in einem mit den Umständen verträglichen Maße sich bemühen, die Mittel zur Erreichung eines solchen Zieles zu erleichtern."

Berlin hat davon nichts gewußt. Daher seine Überraschung, als in Algeciras Italien sich auf der Seite seiner Gegner befand.

Die folgenden Jahre, die ein Wachstum der Einkreisung gegen Deutschland zeigen, haben Italien aus einem Bundesgenossen am

---

sous une forme quelconque, sur les territoires nord-africains, soit du villaget de Tripoli, soit de l'empire Marocain, et qu'en conséquence de ce fait l'Italie crût devoir, pour sauvegarder sa position dans la Méditerranée, entreprendre elle même une action sur les dits territoires nord-africains, ou bien recourir sur le territoire français en Europe, aux mesures extrêmes, l'état de guerre qui s'en suivrait entre l'Italie et la France constituerait ipso facto, sur la demande de l'Italie et à la charge commune des deux alliés, le casus foederis avec tous les effets prévus par les articles II et V du susdit traité du 20 mai 1882, comme si pareille éventualité y était expressément visée. Art. VI. Si les chances de la guerre entreprise en commun contre la France amenaient l'Italie à rechercher des garanties territoriales à l'egard de la France pour la sécurité des frontières du royaume et de sa position maritime, ainsi qu'en vue de la stabilité de la paix, l'Allemagne n'y mettra aucun obstacle et, au besoin et dans une mesure compatible avec les circonstances, s'appliquera à faciliter les moyens d'atteindre un semblable but."

Dreibund mehr und mehr einen Teilnehmer an der Einkreisung gemacht. Am 24. Oktober 1909 fand eine Zusammenkunft zwischen dem König von Italien und dem durch Eduard VII. für die Einkreisung gewonnenen Zaren in Racconigi statt. Rußland versprach dort Italien Wohlwollen bei seinen Ansprüchen auf Tripolis und Cyrenaïca; Italien versprach den Russen Entgegenkommen in der Meerengenfrage[1]). Das Abkommen war ein Werk Iswolskis. Drei Jahre später hat Poincaré Iswolski mitgeteilt, daß Italien ein besonderes Abkommen mit Frankreich habe, das es hindere, im Fall eines Krieges Deutschlands und Österreichs gegen Rußland und Frankreich seine Dreibundpflichten zu erfüllen[2]).

Tittoni hat indes diese weitgehenden Schlußfolgerungen Poincarés noch nicht anerkannt[3]). Als dieser ihm im November 1912 erklärte, daß Rußland im Fall eines Weltkrieges auf die bewaffnete Unterstützung seitens Frankreichs unbedingt rechnen könne und schon auf die Gewinnung Italiens hinwirkte, hat Tittoni erwidert, daß der Vertrag zwischen Italien und Österreich-Ungarn dem italienischen Vertrag mit Frankreich und Rußland unbedingt vorgehe. Aber die Erinnerung daran war nur ausreichend, um zu dem oben wiedergegebenen Neutralitätstelegramm des Königs von Italien an den österreichischen Kaiser zu führen. Die von diesem erwartete Unterstützung Österreich-Ungarns mit den Waffen lehnte Italien ab. Dabei konnte es sich auf verschiedene von der Wiener Regierung begangene Fehler berufen. Entgegen dem Art. VII der letzten Dreibundverträge hatte Wien die römische Regierung nicht von den Schritten, die es gegen Serbien unternahm, vorher verständigt. Daher der italienische Minister des Äußeren am 30. Juli 1914 geltend machen konnte[4]): „Da der Dreibund rein defensiven Charakter habe, wir (d. h. Österreich-Ungarn) durch unser Vorgehen gegen Serbien die europäische Konflagration provoziert und überdies uns nicht mit hiesiger Regierung vorher ins Einvernehmen gesetzt

---

[1]) Pevet, S. 17.

[2]) Siehe das Zitat bei Pevet, S. 37: „Le fait que l'Italie est privée de sa liberté de mouvement, en raison de son expédition en Afrique et d'un accord spécial avec la France, est un autre point en faveur de la Russie et de la France."

[3]) Pevet, S. 42.

[4]) Österreichisch-ungarisches Rotbuch über Italien, Nr. 17.

hätten, habe Italien keine Verpflichtung, an dem Kriege teilzunehmen." Immerhin fuhr der Minister damals noch fort: „Dabei sei aber nicht gesagt, daß Italien bei Eintritt dieser Eventualität sich nicht die Frage stellen werde, ob es seinen Interessen besser entspreche, sich militärisch an unsere Seite zu stellen oder neutral zu bleiben. Er persönlich neige mehr der ersteren Alternative zu und halte dieselbe auch für die wahrscheinlichere, vorausgesetzt, daß Italiens Interessen auf dem Balkan dabei gewahrt werden und daß wir (d. h. Österreich-Ungarn) nicht dort Veränderungen anstreben, welche uns eine Vormachtstellung — zum Schaden Italiens — einräumen würden". Im weiteren Verlauf der diplomatischen Verhandlungen kam es noch zu lebhafter Erörterung der Kompensationen, welche Italien auf Grund des Art. VII eventuell beanspruchen könnte. Graf Berchtold machte die Annahme der italienischen Auslegung des Art. VII von der Haltung Italiens in der bestehenden Krise abhängig, worauf Italien treffend erwiderte, man könne irgendwelche Änderung eines Vertrags von dieser oder irgend einer anderen Bedingung abhängig machen, aber man könne nicht die Auslegung des Vertrags an eine Bedingung knüpfen[1]). Darin wurde Italien gegen Wien von Deutschland unterstützt, das von Anfang an aufs lebhafteste darauf drang[2]), daß Wien Italien durch Angebote von Kompensationen entgegenkomme. Doch hatte Berlin wiederholt zu klagen, daß man in Wien auch hierin nicht auf seine Ratschläge höre[3]). So lange der schwer leidende Marchese di San Giuliano am Leben war, hat aber Italien die von seinem König dem österreichischen Kaiser versprochene Neutralität noch gewahrt. Als dagegen nach seinem Tode Sonnino sein Nachfolger im Ministerium des Äußeren wurde, trat eine sich steigernde aggressive Haltung Roms gegen Österreich-Ungarn hervor. Auf Drängen Deutschlands hatte man sich in Wien endlich veranlaßt gesehen, Italien als Kompensation die Abtretung von österreichischen Landesteilen zu versprechen, falls es bis zum Ende des Krieges neutral bleibe. Was Österreich schließlich geboten hat, ist aus den vom damaligen österreichisch-ungarischen Außenminister Baron Burián und seinem Botschafter in Rom gewechselten Depeschen

[1]) Ebenda, Nr. 26.

[2]) Deutsche Dokumente, Nr. 326, 363, 510.

[3]) Ebenda, Nr. 396. Vgl. auch oben S. 84.

vom 15. und 16. Mai 1915 zu ersehen[1]): es wird Italien versprochen, alle Gebiete der Monarchie abzutreten, die italienisch waren; Triest sollte eine völlig sich selbstregierende kaiserliche Freistadt und Italiens Souveränität über Valona anerkannt werden; desgleichen verspricht Österreich-Ungarn völliges Desinteressement an Albanien. Ebenso verzichtet es auf jeden Anspruch aus der italienischen Besetzung der Inseln des Dodekanesos und erklärt seine Zustimmung dazu, daß das deutsche Reich alle Garantie für die getreue und loyale Durchführung dieses Übereinkommens übernehme.

Aber was konnte dieses Anerbieten am 16. Mai 1915 bedeuten, nachdem Italien schon am 26. April 1915 in London mit England, Frankreich und Rußland ein Abkommen[2]) getroffen hatte, worin diese ihm, wenn es Österreich-Ungarn den Krieg erkläre, noch weit mehr versprachen! So z. B. im Widerspruch zu dem Nationalitätsprinzip, das die Italiener für sich geltend machten, die deutschen Teile von Tirol bis zum Brenner, die slavische Provinz Dalmatien, sowie insbesondere auch die Nichtzulassung von Vertretern des heiligen Stuhles zu irgendwelchen diplomatischen Schritten zur Herbeiführung eines Friedens. Den Italienern aber gab die Vielseitigkeit ihrer Verträge die Wahl, sich auf die Seite dessen zu stellen, der ihnen das Meiste bot, und vermöge ihres Sacro Egoismo waren sie von vornherein gewillt, von dieser Möglichkeit Gebrauch zu machen. Graf Czernin hat darin recht, daß die Bestimmungen des Londoner Abkommens vom 26. April 1915 sowohl bei einem Verständigungs- als auch bei einem Separatfrieden der österreichisch-ungarischen Monarchie deren Zerstückelung bedeuteten[3]). Nach den Depeschen ihres Vertreters in Rom, des Freiherrn von Machio, bestand im italienischen Ministerrate eine starke Partei gegen eine Kriegserklärung an Österreich-Ungarn[4]), und Sonnino hat, um deren Widerstand zu brechen, dem Ministerrat die Vorschläge des Wiener

---

[1]) Österreichisch-ungarisches Rotbuch über Italien, Nr. 185, 188.

[2]) Siehe dasselbe bei Czernin, S. 377ff. Nach dem früheren italienischen Premierminister F. Nitti, Peaceless Europe London 1922 p. 73 hat das italienische Volk von diesem Abkommen erst erfahren, als es nach der russischen Revolution von den Bolschewisten veröffentlicht worden war.

[3]) Czernin, S. 26, 27 und a. a. O.

[4]) Österreichisch-ungarisches Rotbuch über Italien, Nr. 180, 182,189.

Kabinetts gar nicht vorgelegt[1]). Der gleichfalls unvollständig unterrichtete König aber, der lange zögerte, dem vieljährigen Bundesgenossen den Krieg zu erklären[2]), und die tatsächlich zu drei Vierteln gegen den Krieg gestimmte und mangelhaft unterrichtete Öffentlichkeit, wurden durch Straßendemonstrationen des bezahlten Pöbels und unreifer Jugend eingeschüchtert[3]). Wenn dann ein Jahr später Italien auch Deutschland den Krieg erklärt hat, so geschah dies unter dem Druck Englands, das auf diese Weise Deutschland die Zufuhr von Lebensmitteln über die Alpen abzuschneiden und damit die Hungerblockade zu vollenden suchte, gleichzeitig aber bemüht war, die deutschen Handelsbeziehungen zu Italien zu vernichten und sie durch englische zu ersetzen[4]).

17. Damit habe ich das Verhalten der Teilnehmer am Weltkrieg bis zum Jahre 1916 vorgeführt; auf die spätere Teilnahme der Vereinigten Staaten an demselben gehe ich nicht ein; sie hat mit Zwischenfällen des ausgebrochenen Kriegs, nichts mit dessen Ausbruch zu tun. Blicken wir, um die Frage zu beantworten, wer an dem Kriege die Schuld trägt, auf das Vorgeführte zurück.

Wir haben Frankreich kennen gelernt, das nach dem Zugeständnis von M. Paléologue[5]) seit der Ministerpräsidentschaft Poincarés den Krieg vorbereitet hat und in Rußland einen gleichfalls nach dem Kriege drängenden Bundesgenossen hatte; um ihn herbeizuführen, hat dieser sich jahrelang vor dem Kriegsausbruch der Serben bedient. Für Frankreich handelte es sich um die Wiedergewinnung von Elsaß-Lothringen, aber nicht nur um diese. Wie die französisch-russischen Abmachungen während des Krieges zeigen, ging das Begehren der Franzosen auf das ganze linke Rheinufer[6]).

Für Rußland handelte es sich um die Herrschaft über die Balkanhalbinsel und insbesondere um Konstantinopel. Die Russen haben sich

---

[1]) Ebenda, Nr. 178.

[2]) Ebenda, Nr. 189.

[3]) Ebenda, Nr. 167.

[4]) Siehe Lujo Brentano in der „Deutschen Politik“ vom 15. Februar, 1. und 15. März 1918: „Die Ausbeutung Italiens durch seine Freunde“, „Die Bewucherung Italiens“ und „Die Durchdringung Italiens durch England und Amerika“.

[5]) Siehe oben S. 63.

[6]) Siehe Russische Geheimdokumente, S. 91, 92, 93.

von Frankreich gegen das Versprechen, sein Begehr nach dem linken Rheinufer unterstützen zu wollen, Frankreichs Zustimmung zu ihrem Erwerb der Meerengen ausdrücklich versprechen lassen[1]).

Für die Serben handelte es sich um die Begründung eines großserbischen Reichs auf Kosten Österreich-Ungarns.

Für Österreich-Ungarn handelte es sich um die Abwehr dieser Bestrebungen, die, wenn erfolgreich, den Verfall der österreichisch-ungarischen Monarchie herbeizuführen drohten. Es hat, um nach der Ermordung des österreichisch-ungarischen Thronfolgers, des Erzherzogs Franz Ferdinand, allen Einmischungen anderer Mächte, die seine Ansprüche hätten verkümmern können, zuvorzukommen, gegen Deutschlands Rat am 28. Juli 1914 den Serben den Krieg erklärt und im Widerspruch mit dem, was sein Außenminister an Sir Edward Grey telegraphiert hat, alle Vermittlung zwischen sich und dem die Serben schützenden Rußland abgelehnt.

Für England handelte es sich in dem Kriege, den es am 4. August 1914 an Deutschland erklärt hat, um die Aufrechthaltung seiner Seetyrannei. Die bloße Tatsache, daß England allein unter allen Mächten sich hartnäckig weigert, den Schutz des Privateigentums zur See auch im Kriegsfall anzuerkennen, spricht Bände zur Erklärung seiner Feindschaft gegen das seinem Handel zum Rivalen gewordene Deutschland. Da es aber Englands Tradition ist, in den Kampf nur zu ziehen, wenn es einen Bundesgenossen hat, der sein Gut und Blut opfert, damit es seine Ziele erreiche, brauchte es Frankreich, Belgien, Rußland und Italien, um Krieg gegen Deutschland zu führen. Schon Bernhard Shaw hat es gesagt: Es ist nicht England, das Belgien und Frankreich, sondern diese sind es, die England gegen Deutschland verteidigen.

Japan war der Bundesgenosse Englands. Es hatte von den Deut-

---

[1]) Russische Geheimdokumente, S. 93. Es bleibt, wenn man diese Geheimdokumente, inbesondere den Bericht Ssazonows an den Zaren vom 23. März 1914, das Memorandum Basilis über die Meerengen und das Protokoll der besonderen Beratung vom 21. Februar 1914, sowie das Abkommen über Konstantinopel und die Meerengen vom 4. März 1915 und die folgenden Telegramme liest, S. 308—324, unbegreiflich, wie Lord Haldane in seinem Buche bestreiten kann, daß Rußland die Meerengen haben wollte. Es versteht sich dies ebensowenig, wie wenn er das Streben Poincarés und Genossen nach Revanche und die Einkreisungspolitik Englands leugnet.

schen nur Gutes erfahren. Diese hatten seit 50 Jahren die nach Deutschland kommenden Japaner stets als Freunde behandelt und in allen Wissenschaften und Künsten ausgebildet; aber die Japaner wurden gleichfalls vom Imperialismus erfaßt[1]), und als Bundesgenossen Englands haben sie, um die Deutschen aus Ostasien zu vertreiben, ihnen unter Berufung auf ihre Eigenschaft als Bundesgenossen Englands den Krieg erklärt.

Erst dreiviertel Jahre später erklärte auch der alte Dreibundgenosse Italien an Österreich-Ungarn, und nach Verlauf eines weiteren Jahres auch an Deutschland den Krieg. Es hatte von diesem nur Gutes empfangen. Ihm hat es nach den verlorenen Schlachten von Custozza und Lissa Venezien verdankt; ihm verdankt es den Erwerb von Rom; während seines abessynischen Krieges war Deutschland für seine Interessen eingetreten; durch den Dreibundvertrag hatte sich Deutschland verpflichtet, ihm zu Hilfe zu kommen, wenn es in Verfolgung seiner Mittelmeer- und afrikanischen Interessen mit Frankreich in Krieg geriete; es hatte sich sogar verpflichtet, ihm in solchem Krieg zum Erwerb französischen Gebiets in Europa behilflich zu sein; und bis unmittelbar bevor Italien an Österreich-Ungarn den Krieg erklärt hat, war Deutschland bei diesem dafür eingetreten, daß Italien ohne jedwedes Blut- und Geldopfer alles Land italienischer Nationalität unter österreichischer Herrschaft und dazu noch Dalmatien und Valona erhalte. Aber Italien verlangte noch mehr, darunter auch das südlich des Brenners gelegene deutsche Tirol. Seine imperialistischen Wünsche gingen weiter, als Deutschland vertreten konnte.

Von all den am Kriege beteiligten Mächten war Deutschland das Einzige, das seinen Nachbarn nichts rauben wollte. Es hatte nicht um Land zu kämpfen, dessen Erwerb ihm etwa unentbehrlich erschienen wäre; hat doch Bismarck den Gedanken abgelehnt, selbst die deutschen Gebiete Österreichs in den deutschen Reichsverband aufzunehmen. Noch weniger konnte es daran denken, französisches oder sonstiges fremdes Gebiet zu erwerben. Ich erinnere mich eines schon vor dem Kriege mit einem mir befreundeten General geführten Gesprächs, der mir mitteilte, daß der Chef des deutschen Generalstabs ihm gesagt habe,

[1]) Siehe Lothrop Stoddard, The rising tide of color against white world-supremacy. London 1920, bes. Chapter II.

wenn es zu einem Kriege kommen sollte, so habe Deutschland kein Kriegsziel; es gebe kein nachbarliches Gebiet, das es begehre[1]). Erst nach den ersten Siegen, welche die Deutschen im Weltkrieg erfochten, als die Zahl der Alldeutschen unheimlich zunahm, ist das Verlangen nach einem „Siegfrieden"[2]) entstanden, das Deutschland so schwer geschädigt hat. Auch der von manchen Deutschen ausgesprochene Gedanke, daß es Kolonien brauche, um für seine wachsende Bevölkerung Ernährungsspielraum zu gewinnen, war falsch; denn seit es ein blühendes Industrieland geworden war, konnte es allen seinen Söhnen innerhalb des Reichsgebiets ausreichende Beschäftigung bieten; war es doch längst aus einem Auswanderungsland ein Einwanderungsland geworden, das jährlich hunderttausende fremder Arbeiter benötigte, um seine wirtschaftlichen Aufgaben zu bewältigen. Aber was es brauchte, war freier Spielraum für die Entfaltung der Kräfte seines Volks. Indem es die Freiheit der Meere gegenüber England verteidigte, suchte es sich diese freie Entfaltung aller Kräfte zu sichern; wäre es ihm gelungen, es hätte sie nicht bloß für die Deutschen, sondern gleichzeitig für alle Völker der Erde gesichert. Und wenn es nach einem Platz an der Sonne rief, so war dies nur ein Ruf nach dem gleichen Recht wie dem anderer Nationen, sich an der Kolonisation unzivilisierter Länder, die von rechtswegen keiner europäischen Macht gehörten, zu beteiligen.

Nichtsdestoweniger hat man Deutschland für den Alleinschuldigen an dem Kriege erklärt. Seit Wilhelm II. den Thron bestiegen hat, hat seine Haltung die ganze Welt gegen es aufgeregt. Ihm war die größte Erbschaft zugefallen, die ein Herrscher je seinem Nachfolger hinterlassen hat; er hat sie vergeudet wie je ein verlorener Sohn. Unter Wilhelm I. hatte unter Bismarcks Leitung Deutschland das größte Ansehen in der Welt. Aber Bismarck sowohl wie auch der alte Moltke waren sich voll

---

[1]) Siehe auch Haldane, S. 37: Der Kaiser sagt zu ihm: „Keinen Zoll mehr von französischem Gebiet werde er je begehren."

[2]) Man erinnere sich an die Denkschrift der sechs Verbände und die von anderen aufgestellten Kriegsziele bis zu der Denkschrift des Vereins Deutscher Eisen- und Stahlindustrieller und des Vereins deutscher Eisenhüttenleute vom Dezember 1917 und dem noch Ostern 1918 im Auftrage dieser Vereine verfaßten Gutachten des Professors Martin Spahn betr. die Wiedereinverleibung der Eisenerzbecken von Briey und Longwy.

bewußt gewesen, daß die Erfolge Deutschlands in den Jahren 1870—71 ihm von den Mächten, die ihrer Vorherrschaft dadurch beraubt worden waren, nicht verziehen würden. Dazu kam infolge der Dienstbarmachung der Ergebnisse der Wissenschaft für das Wirtschaftsleben ein Aufschwung Deutschlands, der es aus einem armen zu einem der reichsten Länder der Welt machte. Unter Wilhelm I. war die deutsche Regierung aufs äußerste bemüht, alles zu vermeiden, was die Empfindlichkeit der durch die militärischen und wirtschaftlichen Erfolge Deutschlands ins Hintertreffen geratenen Völker hätte kränken können. Das wurde anders unter seinem Enkel Wilhelm II. Es gab kein Gebiet menschlicher Betätigung, auf dem er nicht mit verletzender Ruhmredigkeit den Primat für Deutschland in Anspruch nahm. Das mußte die Eitelkeit aller übrigen Nationen verletzen. Vor allem aber wurden die übrigen Völker erregt, als Wilhelm II. am 3. Juli 1900 in öffentlicher Rede beanspruchte, daß „ohne Deutschland und ohne den deutschen Kaiser keine große Entscheidung mehr fallen dürfe". Sie deuteten dies als den Anspruch Deutschlands auf Weltherrschaft. Um dieselbe Zeit begann der deutsche Flottenbau. Ich habe im Vorstehenden wiederholt betont, daß er angesichts der Weigerung Englands, die Unverletzlichkeit des Privateigentums zur See auch im Kriegsfall anzuerkennen, völlig berechtigt war; aber die ihn begleitenden Reden des Kaisers mußten die Vorstellung erwecken, daß er die deutsche Seeherrschaft an die Stelle der englischen setzen wolle. Es begann ein das Wirtschaftsleben der Völker bedrückendes Wettrüsten, während die deutsche Regierung gleichzeitig sich weigerte, über internationale Abrüstung zu verhandeln. Da entstand bei den nichtdeutschen Völkern die Vorstellung, „daß der deutsche Kaiser entschlossen sei, an die Stelle jeglicher diplomatischer Diskussion die Kanone zu setzen und weder von Abrüstung noch von Humanität etwas wissen wolle". „Der Kaiser", schrieb The English Review im April 1913, „schlägt die große Trommel, und eines Morgens wird Europa in einer Krise erwachen, aus der es keinen Ausweg gibt, außer durch Krieg." Daher, als der Krieg kam und gar mit Kriegserklärungen Deutschlands an Rußland und Frankreich begann, sah man darin nur die Bestätigung, daß er „des Kaisers Krieg" sei, und eben deshalb heißt es im Art. 227 des Versailler Friedensdiktats:

„Die verbündeten und assoziierten Regierungen stellen Wilhelm II. von Hohenzollern, ehemaligen deutschen Kaiser, unter öffentliche Anklage wegen schwerster Verletzung der internationalen Moral und der geheiligten Macht der Verträge."

Das war die Folge des durch das Bramarbasieren des Kaisers hervorgerufenen Scheins. Trotz desselben war er weder ein Verbrecher gegen die internationale Moral, noch auch war die Entente berechtigt, ihn wegen Verletzung von Verträgen anzuklagen. Lord Haldane[1]), die belgischen Gesandten in Berlin, Paris und London[2]) und alle, die dem Kaiser nähertraten, einschließlich seines Onkels Eduard[3]), haben wiederholt bezeugt, daß er keinen Krieg wolle; und ich habe im Vorstehenden angeführt, wie diejenigen, die im Ausland den Krieg wollten, ihn sogar wegen seiner Friedensliebe verhöhnt haben. Und ebenso habe ich im Vorstehenden dargetan, wie sämtliche übrigen Regierungen sich nicht gescheut haben, sogar gleichzeitig Verträge abzuschließen, die sich gegenseitig ausschlossen. Und hat nicht Karl Kautsky, einer der erbittersten Führer der Wilhelm II. feindlich gesinnten Sozialdemokratischen Partei, ausgesprochen[4]), daß er der deutschen Regierung Unrecht getan habe, als er sie beschuldigte, den Weltkrieg gewollt und planmäßig herbeigeführt zu haben? „Ich war sehr überrascht, als ich in die Akten Einsicht bekam. Meine ursprüngliche Auffassung erwies sich mir als unhaltbar. Deutschland hat auf den Weltkrieg nicht planmäßig hingearbeitet. Es hat ihn schließlich zu vermeiden gesucht." Man hatte sich eben gewöhnt, in Österreich-Ungarn den bloßen Satelliten von Deutschland zu sehen, und konnte sich nicht vorstellen, daß die geistige Leitung der auswärtigen Politik Deutschlands, die in der Hand eines Bismarck gelegen hatte, so tief sinken könne, sich in romantischer „Nibelungentreue" in die Gefolgschaft „hochmütiger und leichtsinniger"[5]) österreichischer Kavaliere zu begeben. Daher es selbst nach Wahrheit und Gerechtigkeit strebende Personen im Ausland als den Tatsachen entsprechend ansahen, als der § 231 des Versailler Friedensdiktats besagte: „Die verbündeten und assoziierten Regierungen erklären und Deutschland erkennt an, daß Deutschland und seine Verbündeten ver-

[1]) Haldane, S. 99.
[2]) Siehe belgische Aktenstücke, an einer Fülle von Stellen.
[3]) Siehe oben S. 32 Anmerkung 3.
[4]) Karl Kautsky, Delbrück und Wilhelm II. S. 37. Berlin.
[5]) Die Charakteristik stammt vom deutschen Botschafter von Tschirschky, Deutsche Dokumente, Nr. 326.

antwortlich sind, als Urheber für alle Verluste und alle Schäden, welche die verbündeten und assoziierten Regierungen und ihre Angehörigen als Folge des ihnen durch den Angriff Deutschlands und seiner Verbündeten aufgezwungenen Krieges erlitten haben." Auch solche Personen haben Deutschland als den Alleinschuldigen und die daraus gezogene Schlußfolgerung als gerecht angesehen, ebenso wie daß der Art. 179 des Diktates von Saint Germain en Laye und Art. 163 desjenigen von Trianon Österreich und Ungarn als Mitschuldige Deutschlands für alle Kriegsschäden verantwortlich machen, sie aber, weil Deutschland allein die Schuld trage, erst subsidiär haftbar machen, wenn sich herausgestellt habe, daß Deutschland die ganze Last nicht zu tragen vermöge.

Wer aber auf die wirklichen Tatsachen, wie ich sie hier vorgetragen habe, zurückblickt, wird dem Moskauer Professor Pokrowski zustimmen, der in der Wochenschrift Prawda vom 23. Februar 1919 geschrieben hat[1]):

„Die Alliierten haben Deutschland besiegt und schicken sich an, es für den Krieg zu ‚richten'. Sie wollen nicht nur stärker, sondern auch mehr im Rechte sein als der besiegte Feind ... Es wäre eine undankbare Arbeit, Kaiser Wilhelm reinwaschen zu wollen ... ‚Schuld' an dem Blutvergießen ist nicht der eine oder andere Imperialismus, sondern der Imperialismus überhaupt — der französische, englische oder russische in nicht geringerem Maße wie der deutsche oder österreichische."

Dem wäre noch hinzuzufügen der serbische, der japanische, der italienische.

Wer zur Anklage gegen Wilhelm II. berechtigt war, war nicht die Entente, sondern das deutsche Volk, weil des Kaisers anspruchsvolle Unfähigkeit es von glänzendem Wohlergehen in das furchtbarste Elend gestürzt hat, und es hat, indem es ihn absetzte, ihm das Urteil gesprochen.

18. Daher die unerträgliche Ungerechtigkeit des eben angeführten Artikels 231 des Versailler Diktats. Dabei verstößt er gegen alle Rechtsanschauungen zivilisierter Völker. Er ist dem deutschen Volke auferlegt worden, ohne daß man es vorher gehört hat, lediglich auf Grund vorgefaßter Meinung. Er ist ihm auferlegt worden von Richtern, die, wie England, Japan und Italien statt von Deutschland angegriffen worden zu sein, dieses vielmehr selbst angegriffen haben; die aber, wie die eben genannten und das mitrichtende Frankreich, wie Art. 231 selbst

[1]) Siehe „Deutschland schuldig?", Deutsches Weißbuch. Berlin 1919,

einräumt, an dem Urteil interessiert waren. Bei allen zivilisierten Völkern aber ist es oberster Rechtssatz, daß niemand Richter sein darf in eigener Sache. In Versailles aber waren Ankläger, Zeuge und Richter in denselben Personen vereint. Und eben damit das Urteil nicht durch Darlegung des wahren Sachverhaltes erschüttert werde, haben die eingestandenermaßen interessierten Richter den Deutschen in Versailles das Gehör verweigert. Als Graf Brockdorff-Rantzau in einer Rede gegen die Zumutung, das Bekenntnis zur Alleinschuld Deutschlands zu unterschreiben als gegen die Zumutung des Bekenntnisses zu einer Lüge protestierte, hat man das entwaffnete Deutschland durch ein Ultimatum zur Unterschrift gezwungen. Aber so wenig die Sonne um die Erde sich dreht, weil man von Galilei die Abschwörung der Wahrheit erpresst hat, und so wenig die Hexenprozesse ihre Rechtfertigung darin finden, daß die der Hexerei Angeklagten unter der Folter alles ihnen zur Last gelegte zugestanden, so wenig kann die deutsche Unterschrift unter den Versailler Vertrag eine Lüge zur Wahrheit machen.

Lloyd George hat auf der Londoner Konferenz, am 3. März 1921, als Dr. Simons die Schuldfrage berührte, gesagt:

„Für die Alliierten ist die deutsche Verantwortung für den Krieg grundlegend. Sie ist die Basis, auf der der Bau des Versailler Vertrags errichtet worden ist, und wenn dieses Eingeständnis abgelehnt oder aufgegeben wird, ist der Vertrag zerstört... Wir wünschen es daher ein für allemal klar zu machen, daß die deutsche Verantwortung für den Krieg als eine ‚chose jugée' (d. h. als eine durch gerichtliches Urteil festgestellte Tatsache) behandelt werden muß."

Dieses Wort ist seitdem unzählige Male, namentlich in französischen Zeitungen, wiederholt worden. Insbesondere aber auch in denjenigen Ländern, die Deutschland angegriffen haben und nicht umgekehrt. Sehr begreiflich, da die Zahlung von Milliarden seitens Deutschlands an seine ungerechten Richter dadurch bedingt wird.

Aber Lloyd George täuscht sich, wenn er in der Adreßdebatte im englischen Parlament am 7. Februar 1922 wieder gesagt hat, der Friede Europas werde erst wiederhergestellt sein, wenn in Deutschland jeder Gedanke an Wiedervergeltung erloschen sei. Das ungerechte Urteil brennt auf dem Herzen des deutschen Volks und die Erbitterung wird noch Jahrhunderte fortschwelen. Sie wird erst erlöschen, wenn der Urteilsspruch, der ohne auch nur den Schein eines Prozeßverfahrens über Deutschland verhängt worden ist, wieder aufgehoben sein wird. Lord Grey hat am 27. Januar 1922 in Edinburg erklärt, daß der Krieg durch eine Konferenz sämtlicher Beteiligter vermieden worden wäre. Warum nicht durch Wiederaufnahme des Verfahrens in einer Konferenz, bei der das deutsche Volk gehört wird, einen Urteilsspruch, der von ihm nie und nimmermehr als gerecht anerkannt werden wird, einer Revision unterwerfen?

Da die Erkenntnis der Unausführbarkeit des Urteils und der Schädigung, welche auch nur der Versuch, es zu vollstrecken, unseren Richtern selber bringt, täglich wächst, wird auch ihr Gerechtigkeitssinn wieder erwachen; er wird sie selbst dazu führen, die Revision des Urteils zu verlangen. Schon werden in allen Ländern — sogar in Frankreich — solche Stimmen laut. Vor allem drängt die Lage der Arbeiter in der Siegerländern zur Revision; denn die den deutschen Arbeitern im Versailler Diktat zur Reparation der Kriegsschäden auferlegten Frondienste haben zu einer solchen Unterbietung auf allen Märkten geführt, daß in den Siegerländern Millionen von Arbeitern brotlos geworden sind. Nicht nur Deutschland, sondern ganz Europa ist durch den Versailler Frieden und die ihm folgenden Diktate von Saint Germain und Trianon vom Ruine bedroht. Das gibt Aussicht, daß die eigenen Interessen der Sieger der Wahrheit und Gerechtigkeit wieder zur Herrschaft verhelfen.

Zeitfracht Medien GmbH
Ferdinand-Jühlke-Straße 7
99095 Erfurt, Deutschland
produktsicherheit@kolibri360.de